普通高等院校实验银行系列教材

金融工程实验教程

郑　伟　主编

上海财经大学出版社

图书在版编目(CIP)数据

金融工程实验教程/郑伟主编．—上海：上海财经大学出版社，2016.6

（普通高等院校实验银行系列教材）

ISBN 978-7-5642-2383-0/F・2383

Ⅰ.①金… Ⅱ.①郑… Ⅲ.①金融工程-实验-高等学校-教材 Ⅳ.①F830.49

中国版本图书馆 CIP 数据核字(2016)第 048242 号

□ 责任编辑　顾晨溪
□ 封面设计　张克瑶
□ 责任校对　林佳依

JINRONG GONGCHENG SHIYAN JIAOCHENG

金 融 工 程 实 验 教 程

郑　伟　主编

上海财经大学出版社出版发行
（上海市中山北一路 369 号　邮编 200083）
网　　址：http://www.sufep.com
电子邮箱：webmaster @ sufep.com
全国新华书店经销
上海景条印刷有限公司印刷装订
2016 年 6 月第 1 版　2020 年 6 月第 3 次印刷

787mm×1092mm　1/16　8.5 印张　195 千字
定价：35.00 元

普通高等院校实验银行系列教材
编委会

总　序

金融是现代经济的核心。伴随着网络、技术的变革，金融新工具、新业态不断涌现，金融机构的竞争也达到了白热化，而金融的竞争说到底是人才的竞争。《国家中长期教育改革和发展规划纲要(2010～2020年)》中明确提出："坚持以人为本、推进素质教育是教育改革发展的战略主题"，"重点是面向全体学生、促进学生全面发展，着力提高学生服务国家人民的社会责任感、勇于探索的创新精神和善于解决问题的实践能力"。这就为金融实验教学改革提供了很好的契机。实验教学的基本任务是培养学生的观察能力、动手能力、分析能力、创新能力，养成理论联系实际、勇于探索的科学精神。因此，实验教学在理工类院校早已有之，研究也相对成熟。后来，实验被引入经济学领域，20世纪50年代经济学家张伯伦在课堂上进行供给和需求的实验标志着实验经济学的诞生，1962年费农·史密斯的经典论文《竞争市场行为的实验研究》确立了经济学实验方法在主流经济学中的地位，为此后实验经济学的发展奠定了基础。近几年来，实验教学开始引入我国财经类专业，西南财经大学、上海财经大学、广东财经大学等财经院校相继成立了经济管理实验教学中心，与此同时，相关金融实验的研究也多了起来，从(姜克威)计算机辅助金融专业实验教学的尝试，到(赵家敏)对金融学课程实验教学的思考等，认为实验教学既可加深学生对微观金融理论的理解，也有利于提高对微观金融工具的运用能力；实验教学可加深学生对数理模型、现代信息技术的理解和运用，培养学生对新型金融工具的设计和开发能力。因此，金融实验教学应采取实验室与社会实践相结合的模式。但整体上来讲，财经类专业的实验教学还处于探索和不断深化中，当然与之配套的实验教材就更少了。

面对经济全球化、金融一体化的世界经济形势及我国高等院校大规模扩招的情况，如何尽快摈弃"一块黑板、一支粉笔、几本教材"的传统教学模式和办学思路，做到"与时俱进"，加强和完善实践教学，培养有较强实践能力和适应能力、符合金融单位需要的人才，已经成为当务之急。为了适应经济金融形势对人才需求的变化，实现培养高层次应用型金融人才的目标，上海金融学院在60多年的办学过程中形成了明确区别于综合性大学的人才培养模式和办学特色，构建了独立的实践教学体系和课程实验模式，成为高层次应用型金融人才培养的重要基地，深得学生和用人单位的认可。

金融实验教学旨在培养学生的金融职业素养，提高分析问题和解决问题的能力，增强金融服务技能，为就业打下良好的基础。为此，我们借助于中央与地方共建实验室项目，将十几年来金融实验教学中的实践、探索、成果，进行总结、修改、补充和完善，推出实验银行系列教材。该系列教材从金融业务及行业实际出发，深入浅出，结合典型案例、角色扮演、业务体验，形象生动地教给学生金融业务实际，并渗透金融业对金融职业素养和精神的要求。该系列教材有助于推动金融实验教学的发展，推进应用型金融人才的培养。

贺　瑛

2016年5月

前　言

金融工程是20世纪90年代初出现的一门新兴金融学科。金融工程技术在把金融科学研究推进到一个新的发展阶段的同时，对金融产业乃至整个经济领域产生了极其深远的影响。

作为一所坐落在上海浦东的学校，上海金融学院一直致力于金融人才的培养，尤其注重金融人才培养的“应用型、复合型、创新型和国际化”。金融工程专业是金融类专业的重要组成部分，为培养“三型一化”人才，金融工程专业教师也一直在致力于金融工程专业实验课程和相应配套教材的建设。

通过在金融工程专业教学过程中的逐步积累以及实际教学效果的检验，编者编写和出版了本实验教程。本教程主要是针对金融工程本科专业实验教学的需要，兼顾学生的整体平均水平而编写的。在实验内容的设计上，以金融工程课程中的主要金融计量理论为依据，采用操作性实验、验证性实验和综合性实验相结合的方式。实验内容主要针对理论课教学中的基本理论和基本方法，而没有追求更复杂的金融工程理论和方法的实践。本课程设计的实验体系不是一成不变的，在教学中，教师应根据学生学习的具体情况和金融市场发展出现的新课题，调整实验教学的内容。

本教程的实验内容，已经历了几届金融工程本科专业学生的教学实践。通过教学实践，对于每周2课时共16周的金融工程实验课程来说，9次实验能满足教学学时的要求。从教学效果可以看出，本教程对大多数的专业学生来说，锻炼了运用所学金融理论解决实际问题的能力，达到了实验教学的预期目的。

本教程的编写，得到了上海金融学院教学质量监管处立项项目的资金支持（项目编号B-8201-04-210144）。在教材编写和出版过程中，得到了上海金融学院马欣书记和应小陆处长的大力支持和帮助，在此向这些领导和老师一并致谢。

本教程在编写过程中，参阅了大量的同类教材、有关论著，以及有关网站的资料。编者谨对参考资料的作者表示真诚的谢意。由于水平所限，教程中疏漏和错讹之处在所难免，敬请广大读者批评指正。

编　者

2016年5月

目　录

实验项目一

证券和期货资产组合的建立

一、实验目的

通过对股票、期货的模拟账户进行操作，熟悉证券期货类资产的买卖，熟悉实际的证券市场，建立资产组合，为后面的其他实验打下基础。

二、实验内容及要求

1. 建立模拟交易账户

本教程以上海金融学院金融工程专业实验教学使用的相关系统为例进行阐述。在“大智慧在线型金融模拟交易系统”中建立股票和期货模拟交易账户。

2. 建立资产组合

每个股票模拟交易账户资金为 2 000 万元。要求至少买入 6～8 只股票。其中，主板股票至少 2 只，中小板股票至少 2 只，创业板股票至少 2 只。每只股票交易的资金数量不少于 100 万元。

每个期货交易账户的资金为 2 000 万元，尝试进行股指期货和商品期货的模拟交易。

3. 实验结果

将你的资产组合的结果以截屏的方式报告在实验报告中。

三、实验操作要点指导

1. 建立模拟交易账户

进入“上海金融学院”网站（http://www.sfu.edu.cn），沿着以下路径依次点击“机构设置”——“实验教学与教育技术中心”——“实验平台”，进入页面后选择“模拟股票外汇期货交易系统”点击进入。学生账户在课前已经由上课教师或实验室管理教师事先进行了设置。初始用户名和密码一般为学生的学号。学生填写用户名和密码后，就可以进入“大智慧在线型金融模拟交易系统”进行模拟交易。各网页界面见图 1—1 至图 1—4。

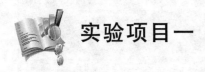

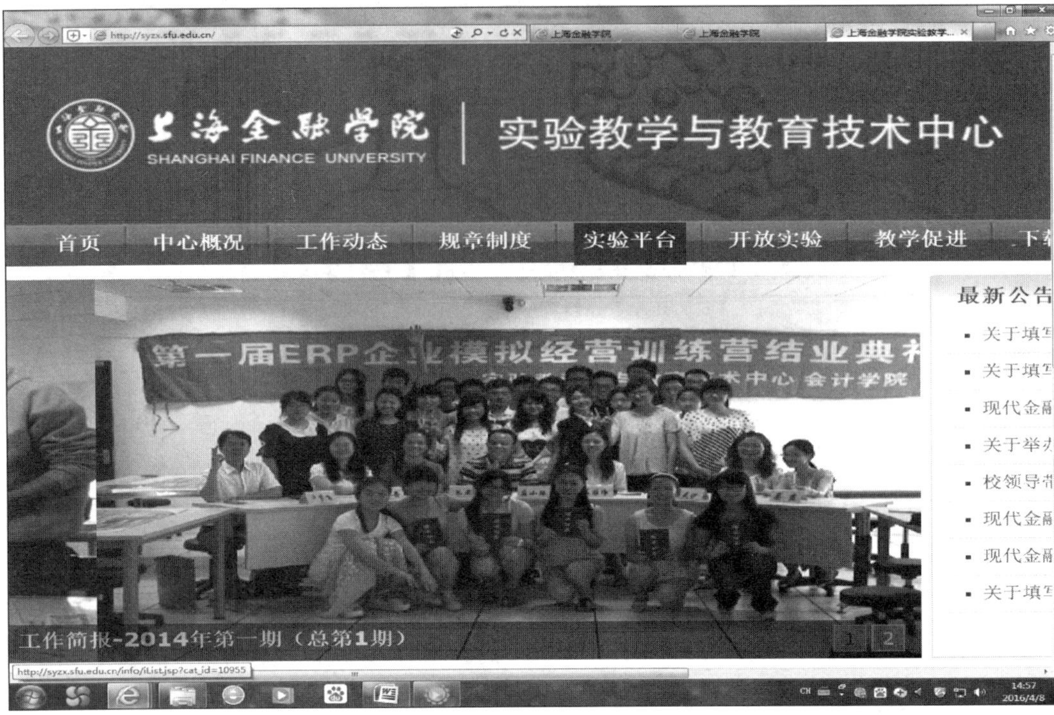

图 1—1　实验教学中心界面

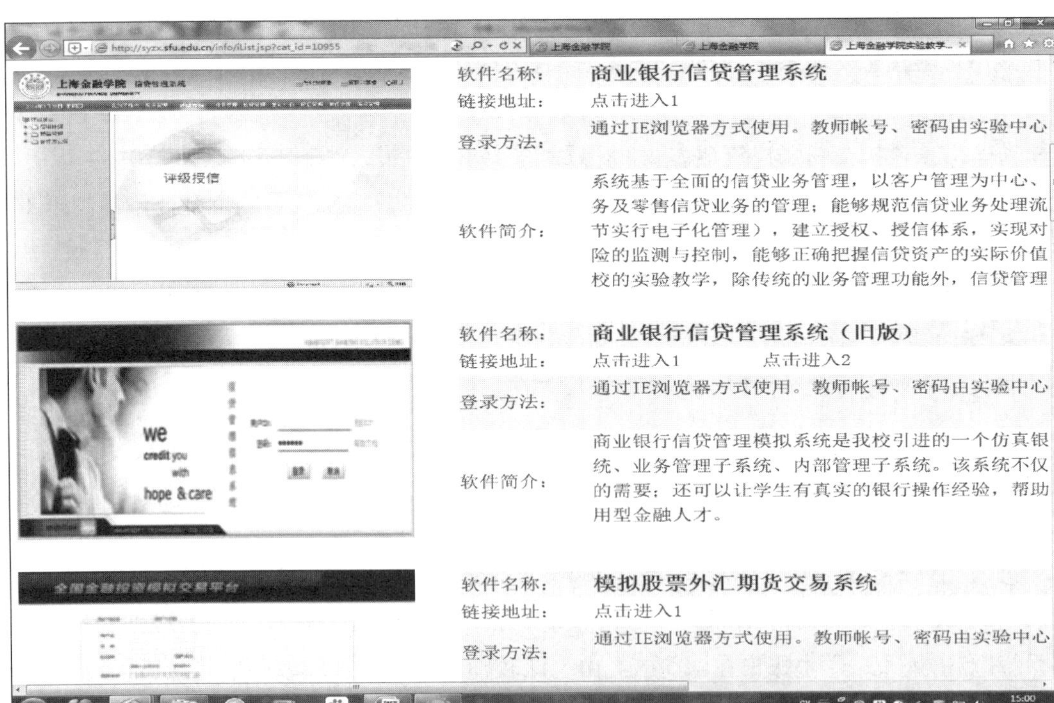

图 1—2　各实验平台界面

图 1—3　模拟交易登录界面

图 1—4　模拟交易主界面

2. 建立资产组合

(1)建立股票组合

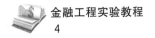

建立股票组合的过程中,应注意实验要在证券交易时间进行模拟交易。一般上课时间应安排在 9:30 至 15:00。在模拟交易界面中点击“股票”按钮,进入相应界面后选择相应的股票,填写委托单,进行交易(见图 1—5)。

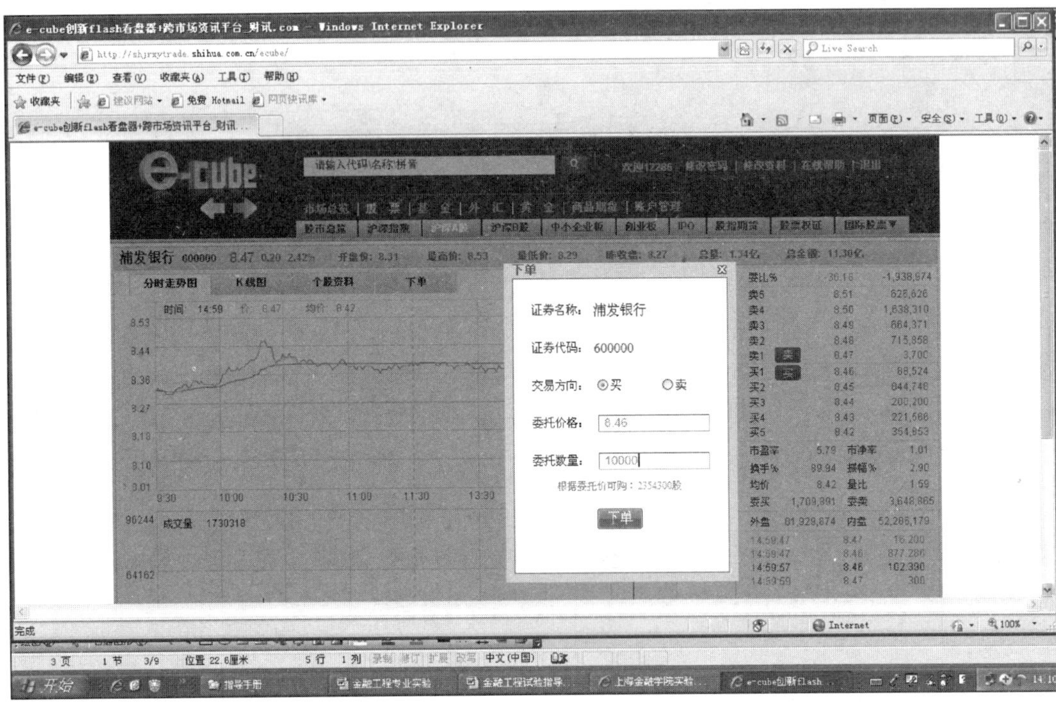

图 1—5　股票交易下单

(2)建立期货仓位

选择相应的期货品种,填写委托单。在期货交易中,由于后面的实验有利用股指期货进行套期保值的相关内容,应着重进行股指期货交易(见图 1—6)。

(3)账户管理

在进行了股票和期货交易后,可以在“账户管理”中,查看账户中的资产情况(见图 1—7)。

3. 报告实验结果

将你的账户界面截屏,报告在实验报告中,截屏时按下键盘上的“Print Sc”,然后粘贴在文档中。完成实验报告。

四、总结与思考

建立资产组合进行投资与买入单一资产进行投资对比,有什么优劣?

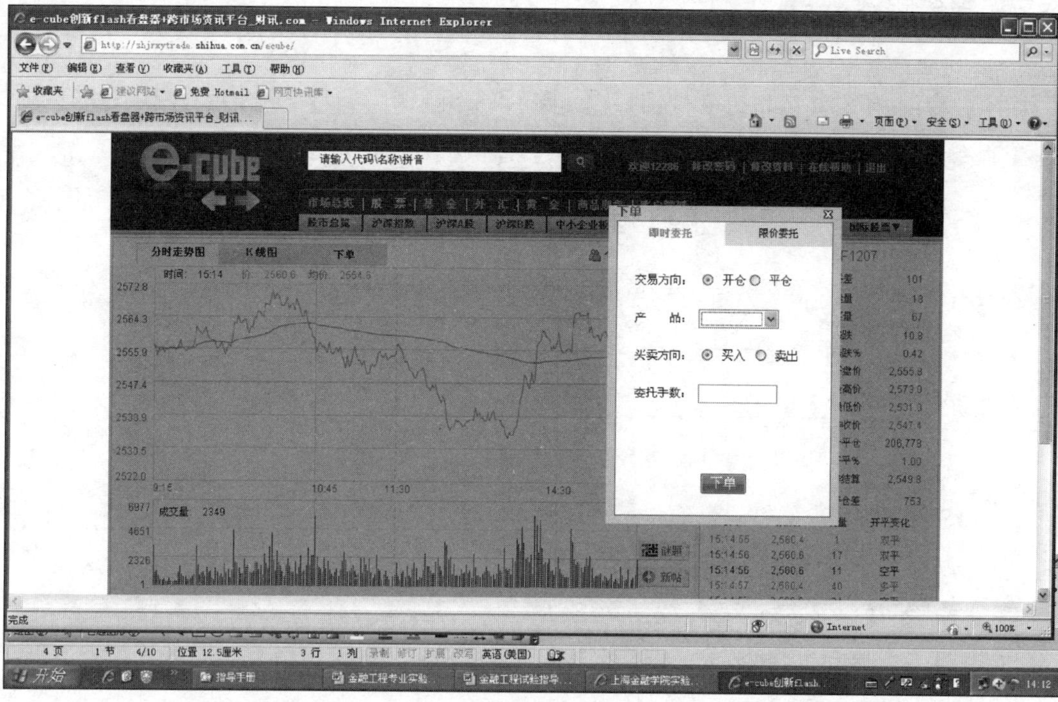

图 1—6 期货交易下单

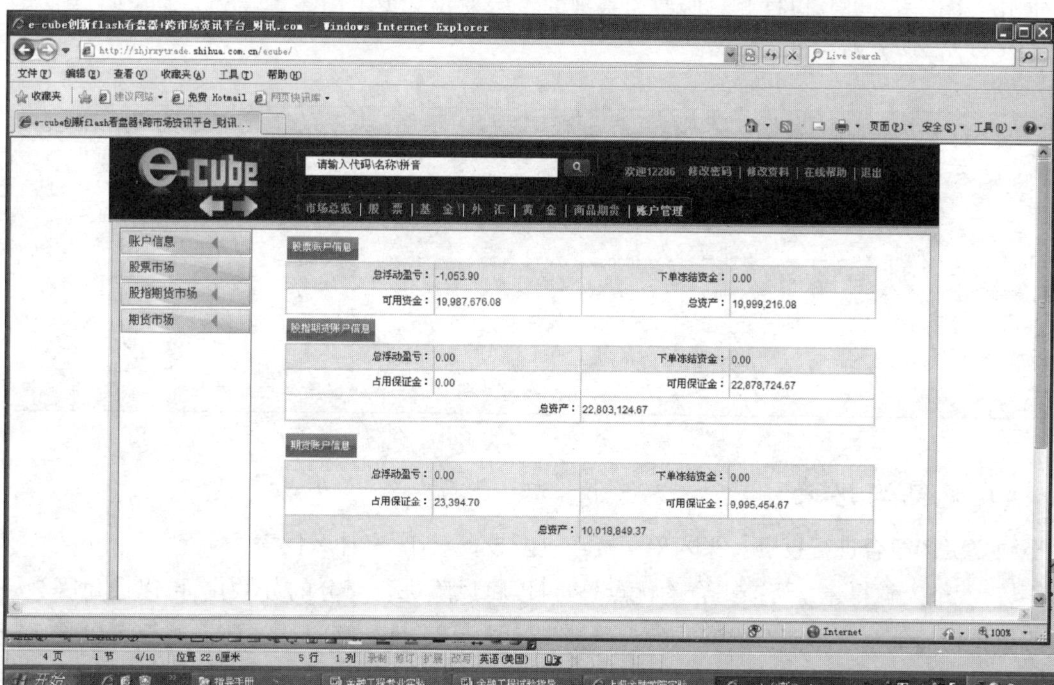

图 1—7 账户管理界面

附:实验报告实例 1—1

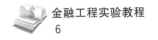

在本教程中,所有实验报告实例都是在实际的“金融工程专业实验”课程教学中,连续三届金融工程专业学生所提交的实验报告中选择的。谨供教程使用者参考。

金融工程专业实验报告(一)

实验名称______证券和期货资产组合的建立______

实验日期______年______月______日　　　　指导教师______

专业班级______姓名______学号______

一、实验目的

(该部分内容与前面内容雷同,故省略。)

二、实验内容及要求

(该部分内容与前面内容雷同,故省略。)

三、实验结果(可在后面附页)

我首先选择的 5 只股票是中材科技、南方航空、宝钢股份、苏宁电器、新宁物流,后面实验所使用的资产组合都是以这 5 只股票为基础的。后来我又买了阳谷华泰和立思辰两只股票,具体资产的配置和盈亏见下图。

账户信息
股票市场
持仓查询
资金明细
成交明细
委托明细
交割单明细
股指期货市场
期货市场

证券代码	证券名称	数量	可用数量	成本价	现价	浮动盈亏	操作
002080	中材科技	500000	500000	12.200	11.22	-490200.00	卖出
600029	南方航空	200000	200000	5.240	4.94	-60240.00	卖出
600019	宝钢股份	100000	100000	5.140	5.07	-7150.00	卖出
002024	苏宁电器	100000	100000	10.780	10.22	-55760.00	卖出
300013	新宁物流	100000	100000	9.750	10.78	102600.00	卖出
300121	阳谷华泰	20000	20000	10.770	10.80	648.00	卖出
300010	立思辰	10000	10000	8.440	9.02	5806.00	卖出

共【7】条,从1到7条记录　第【 1/1】页　第一页 上一页 下一页 最后页　跳至 页 go

四、总结与思考

建立资产组合进行投资与买入单一资产进行投资对比,有什么优劣?

答:我个人觉得建立资产组合的优点是:可以将风险进行充分的分散化,可以避免因为一只股票价格的大幅下跌而造成资产的大量损失。缺点是,虽然通过构建资产组合可以将风险进行分散,但是资产组合中每只股票的选择还是存在一定的问题,而且所选择的股票收益很有可能都是下降很快的,有可能会成倍地放大风险。

实验项目二

资产收益率的分布统计实验

一、实验目的

通过对证券类资产实际收益率的检验，了解实际的金融资产收益率分布特征，进一步更好地理解所学金融计量理论。

二、实验内容及要求

1. 选择进行收益率统计检验的金融品种

选择四个指数进行检验，分别是上证综合指数、深圳成分指数、中小板指数和创业板指数。

2. 收集金融品种的交易数据

利用实验室提供的数据库平台，或者其他交易软件，收集至少 3 年时间的数据。数据类型为日数据和周数据。

3. 进行统计检验并与正态分布进行对比

将收集到的交易数据转换为对数收益率数据，公式为 $R_i=\mathrm{Ln}(P_i/P_{i-1})$，其中，$P_i$ 为第 i 天或第 i 周的收盘价。对各金融品种的对数收益率数据序列，使用 Excel 软件进行统计检验。

将统计结果与正态分布进行对比，讨论实际金融收益率分布与正态分布的区别。将实验结果整理在实验报告中。

三、实验背景与理论基础

在金融计量领域，我们在教材中所学习的多数金融计量理论是以收益率的正态分布为假设的。可以说价格变量的随机性和正态分布假设是现代主流金融计量理论的基础。如果金融变量的随机游走和正态分布假设不成立，或者离实际情况相差较大，主流金融计量理论的适用性和准确性也就会受到较大的挑战。但实际的金融变量的收益率分布却经常表现出与正态分布有较大的差别，这也是我们应用这些理论解决实际问题时，有时会有误差，甚至误差很大的原因之一。

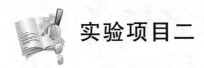

在学习教材中的各种金融计量理论的同时，我们应该认识到，这些金融计量理论的基础假设可能与实际的金融市场状况存在一定的偏差。在使用这些理论解决实际金融问题时，应该

保持一种审慎的态度。

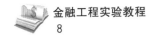

通常情况下，假定证券的价格变化服从正态或对数正态分布。而很多实证研究表明，证券等金融资产价格波动与正态分布差别较大，经常表现出更高的“峰值”和更厚的尾部。与正态分布的预测相比，资产价格可能会出现更高概率的异常波动，这种特点给使用主流金融计量理论进行资产组合、风险管理等方面都带来了更大的挑战。

在本实验中，我们通过对证券市场的指数的收益率状况进行统计，来认识证券的价格收益与正态分布的差别，了解实际的金融资产收益率的分布特征。

四、实验操作要点指导

1. 收集金融品种的交易数据

在实际教学中，我们可以通过本校实验中心提供的“新华 08”金融信息平台，进行金融数据的收集。当然，关于金融数据的数据库有多种，可以根据自身的实际条件进行选择。

如果不具备现成的金融数据库，则可以使用在一般证券公司网站公开下载的各种交易软件，进行证券交易数据的收集。比如，下面我们就以一种可以公开下载的交易软件为例进行说明。

打开某证券公司网站，下载并安装其交易软件。打开该证券网上的交易软件，选择界面上出现的“独立行情”，进入界面后选择一个指数，比如，键入中小板指数(zxbz)，按回车键，进入历史行情(见图 2—1)。(分时行情历史行情切换键 F5。)

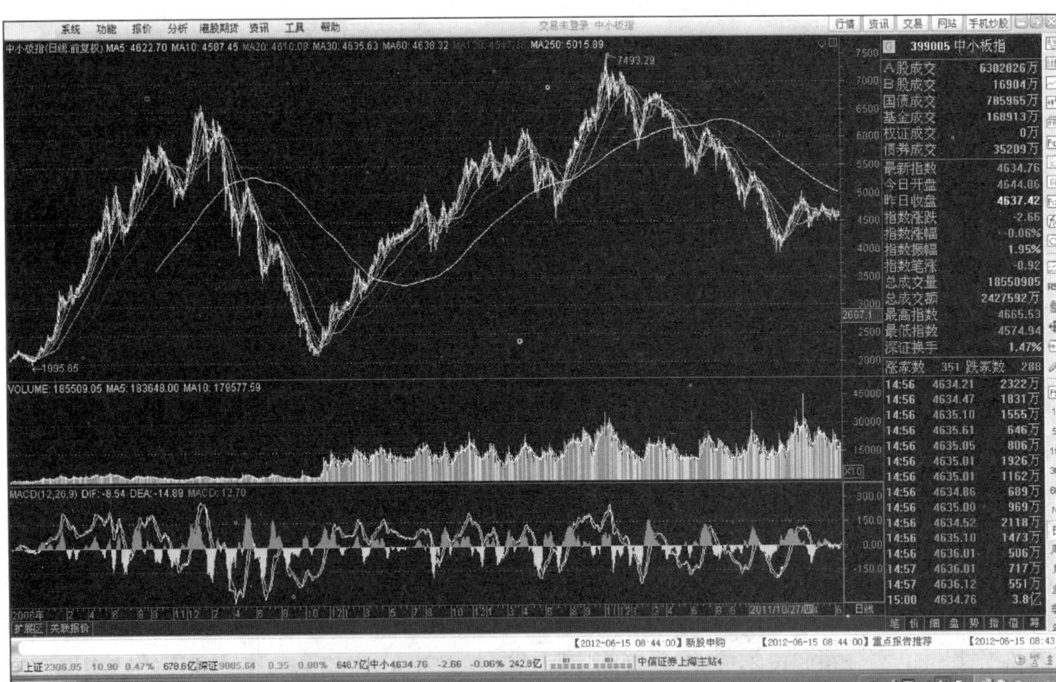

图 2—1　指数的历史行情界面

点击左上角的菜单项目“系统”，在下拉菜单中点击“数据导出”(见图 2—2)。

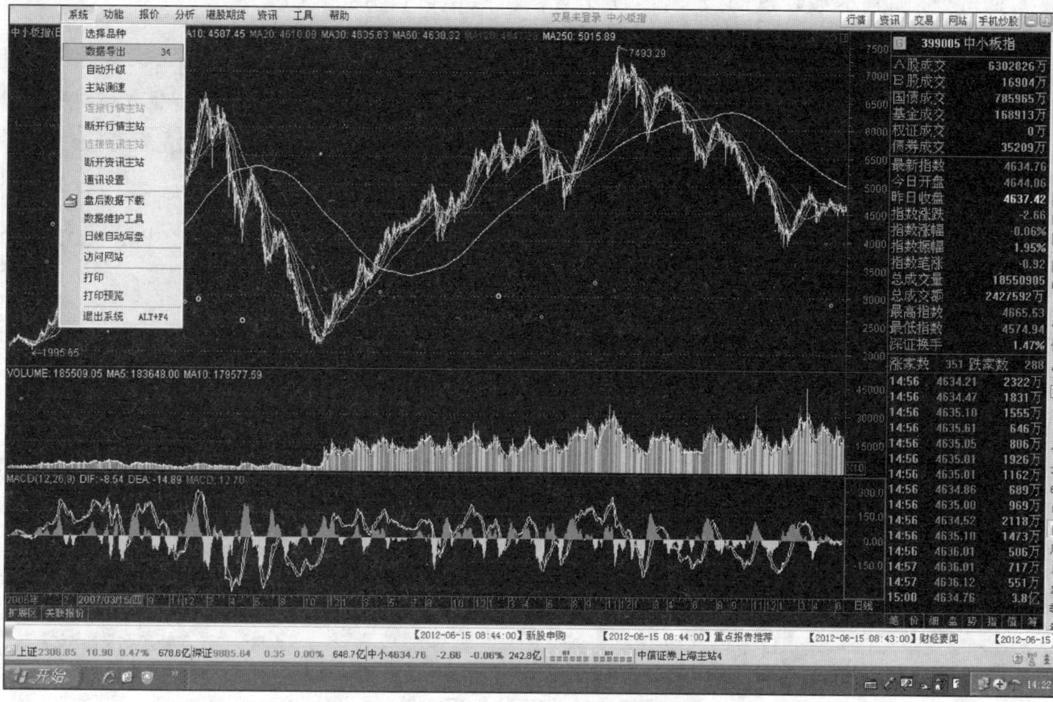

图 2—2　“系统”的下拉菜单界面

选择导出文件的格式和存储位置，即可将该金融产品的数据文件导出(见图 2—3)。

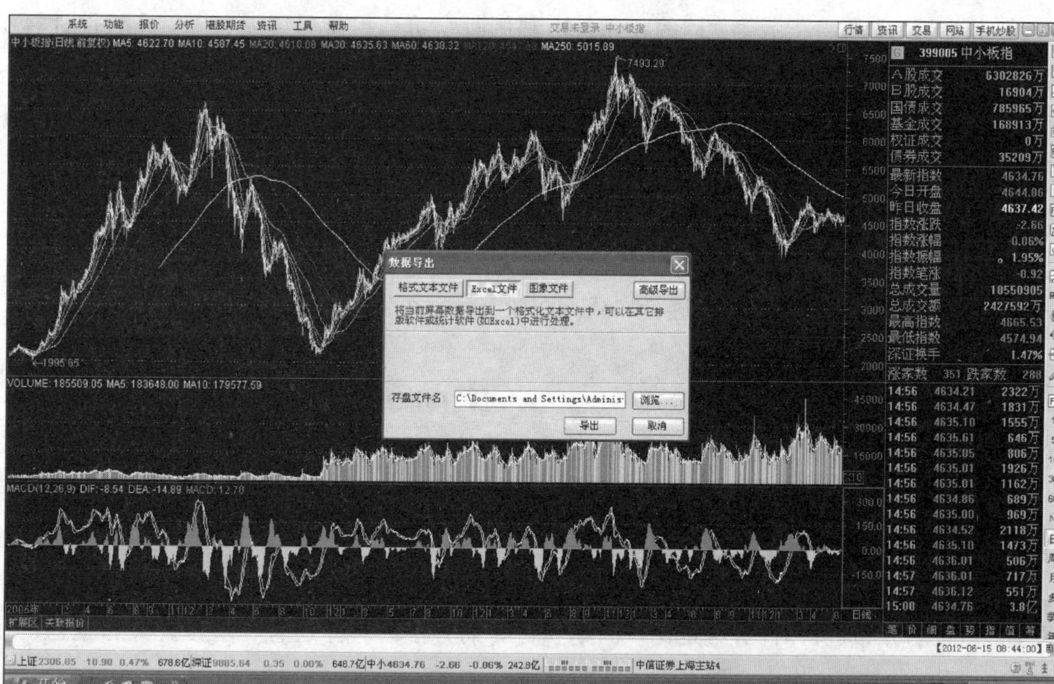

图 2—3　数据的存盘界面

打开已存储到本地硬盘的该文件，使用收盘价数据进行分析(见图 2—4)。

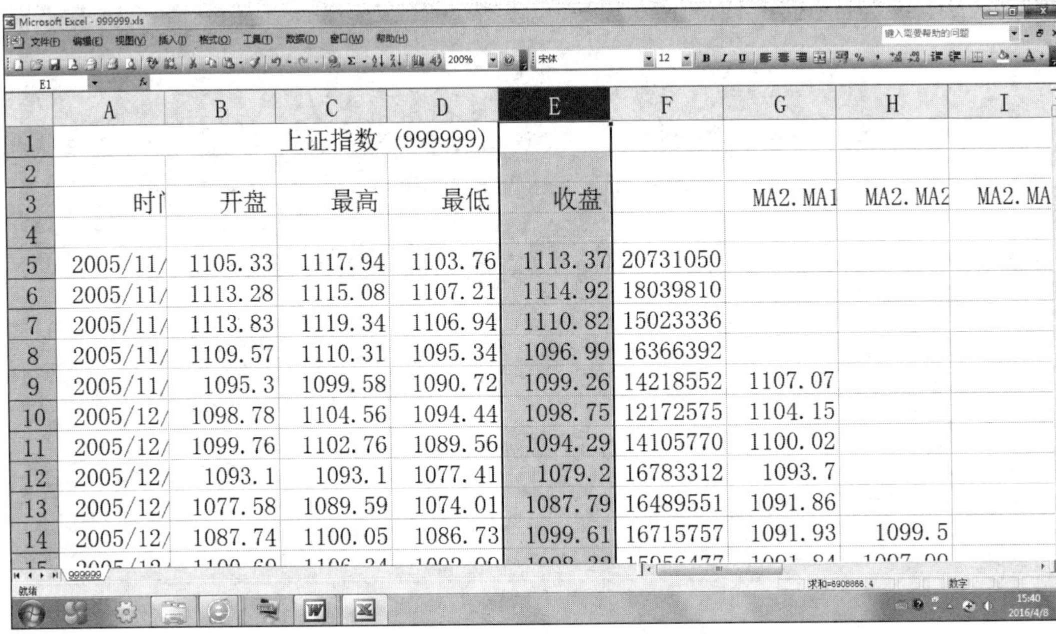

	A	B	C	D	E	F	G	H	I
1			上证指数	(999999)					
2									
3	时间	开盘	最高	最低	收盘		MA2.MA1	MA2.MA2	MA2.MA
4									
5	2005/11/	1105.33	1117.94	1103.76	1113.37	20731050			
6	2005/11/	1113.28	1115.08	1107.21	1114.92	18039810			
7	2005/11/	1113.83	1119.34	1106.94	1110.82	15023336			
8	2005/11/	1109.57	1110.31	1095.34	1096.99	16366392			
9	2005/11/	1095.3	1099.58	1090.72	1099.26	14218552	1107.07		
10	2005/12/	1098.78	1104.56	1094.44	1098.75	12172575	1104.15		
11	2005/12/	1099.76	1102.76	1089.56	1094.29	14105770	1100.02		
12	2005/12/	1093.1	1093.1	1077.41	1079.2	16783312	1093.7		
13	2005/12/	1077.58	1089.59	1074.01	1087.79	16489551	1091.86		
14	2005/12/	1087.74	1100.05	1086.73	1099.61	16715757	1091.93	1099.5	

图 2—4　打开的数据文件

2. 使用 Excel 软件进行统计检验

将收集到的各指数的收盘价交易数据转换为对数收益率数据，公式为 $R_i = \mathrm{Ln}(P_i / P_{i-1})$，其中，$P_i$ 为第 i 天或第 i 周的收盘价。利用收盘价数据就可以通过 Excel 软件计算出收益率的时间数据序列。然后，就可以在 Excel 软件中进行统计分析。这里以 Excel 2003 为例，具体路径为：点击上部菜单中的“工具”——“数据分析”——“描述统计”，即可对指定数据序列进行统计分析(见图 2—5)。当然，统计分析也可以使用其他的统计软件，如 Eviews 等软件。

如果在“工具”按钮的下拉菜单中找不到“数据分析”等选项，可以在该菜单选项中选择“加载宏”，进一步选择“分析工具库”进行加载。加载宏后就可以找到数据分析工具。

3. 画出频率分布的直方图

将收益率的时间序列数据用公式 $(x-\mu)/\sigma$ 进行标准化，其中，μ 和 σ 分别为收益率时间序列的均值和标准差。然后可以用 Excel 软件的统计分析工具画出直方图。

具体路径为：点击上部菜单中的“工具”——“数据分析”——“直方图”，即可对指定数据序列进行统计分析并画出直方图(见图 2—6)。在应用时，注意“接收区域”的选择。

需要指出，通过收益分布的直方图进行直观的对比，以及通过典型的统计指标将实际收益率分布与正态分布进行对比，这是比较简单和粗略的方法。具体还有一些正态分布检验的统计方法，不在本实验中进一步展开。

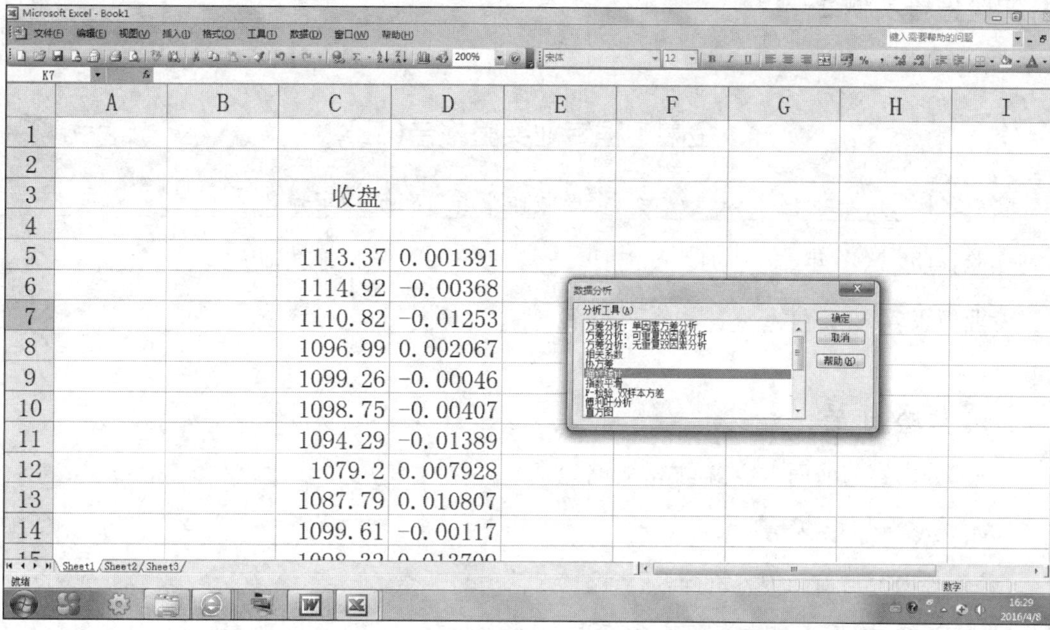

图 2—5　对收益率时间序列数据进行统计分析

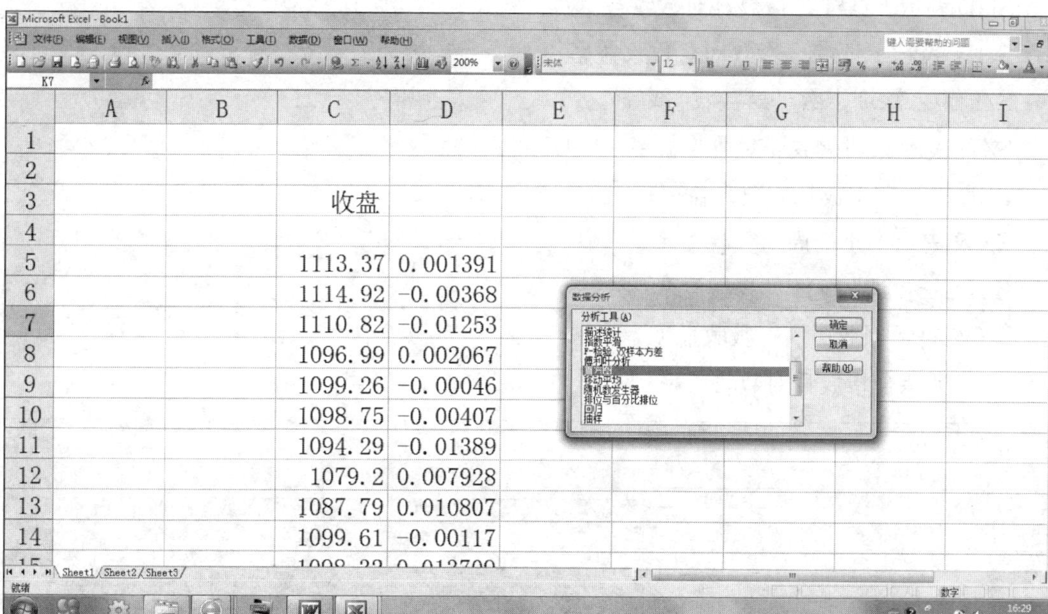

图 2—6　画出收益率分布的直方图

五、总结与思考

根据实验结果，你认为实际金融收益率分布与正态分布的区别是怎样的？这会带来什么影响？

附：实验报告实例 2—1

金融工程专业实验报告(二)

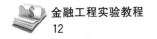

实验名称＿＿＿＿＿＿＿资产收益率的分布统计实验＿＿＿＿＿＿＿

实验日期＿＿＿年＿＿＿月＿＿＿日　　　　指导教师＿＿＿＿＿＿

专业班级＿＿＿＿＿＿＿＿姓名＿＿＿＿＿＿＿学号＿＿＿＿＿＿＿

一、实验目的

(该部分内容与前面内容雷同，故省略。)

二、实验内容及要求

(该部分内容与前面内容雷同，故省略。)

三、实验结果(可在后面附页)

说明：下图中的变量为：

SHD 表示上证综合指数日对数收益率；

SHW 表示上证综合指数周对数收益率；

SZD 表示深圳指数日对数收益率；

SZW 表示深圳指数周对数收益率；

ZXD 表示中小板日对数收益率；

ZXW 表示中小板周对数收益率；

CYD 表示创业板日对数收益率；

CYW 表示创业板周对数收益率。

1. 上证综合指数日对数收益率

上证指数 (999999)

收盘	对数收益率	描述统计	
2170.01	0.001635	平均	0.000229
2173.56	0.011827	标准误差	0.000656
2199.42	-0.01375	中位数	0.000306
2169.39	-0.0097	众数	#N/A
2148.45	0.00693	标准差	0.010966
2163.39	0.02848	方差	0.00012
2225.89	0.026533	峰度	1.593476
2285.74	-0.00425	偏度	0.514747
2276.049	-0.00046	区域	0.072501
2275.009	-0.01347	最小值	-0.03016
2244.579	-0.01725	最大值	0.042337
2206.189	0.040938	求和	0.063909
2298.38	-0.01402	观测数	279
2266.38	0.013019	最大(1)	0.042337
2296.08	0.009984	最小(1)	-0.03016
2319.12	-0.0148	置信度(95	0.001292
2285.04	0.003307		
2292.61	-0.01076		
2268.08	0.019421		

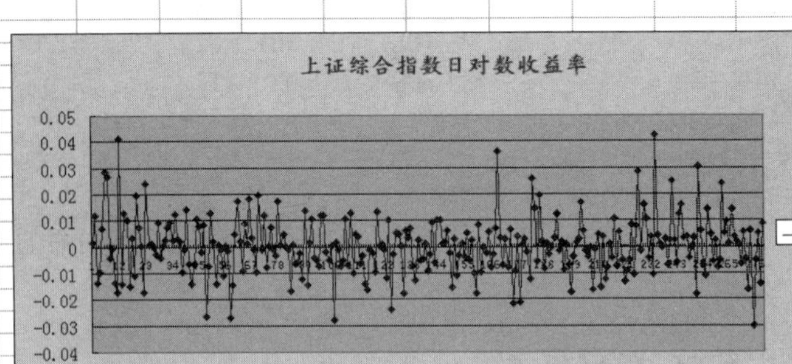

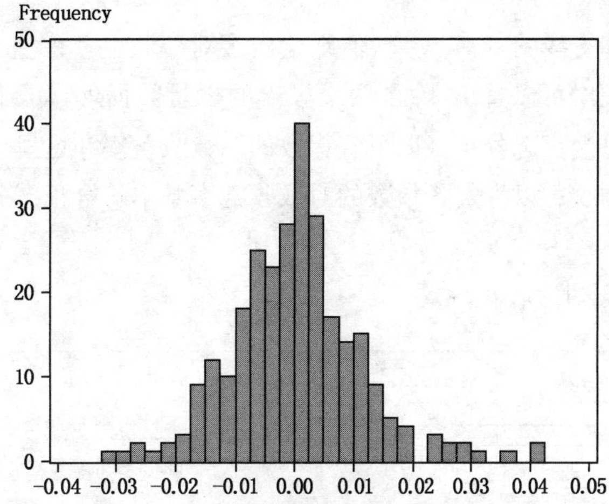

SHD上证日对数收益率分布图

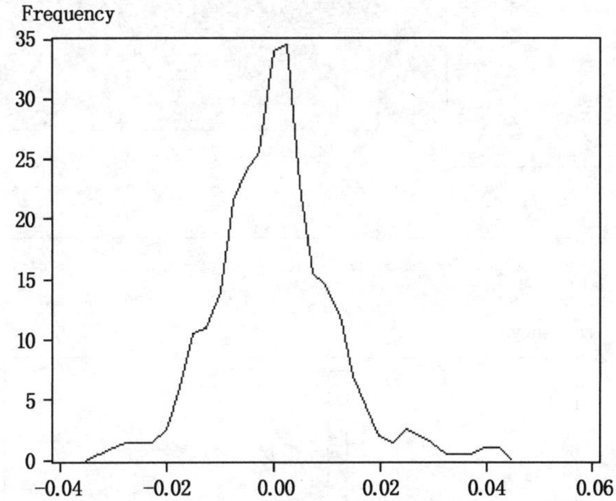

SHD上证日对数收益率折线分布图

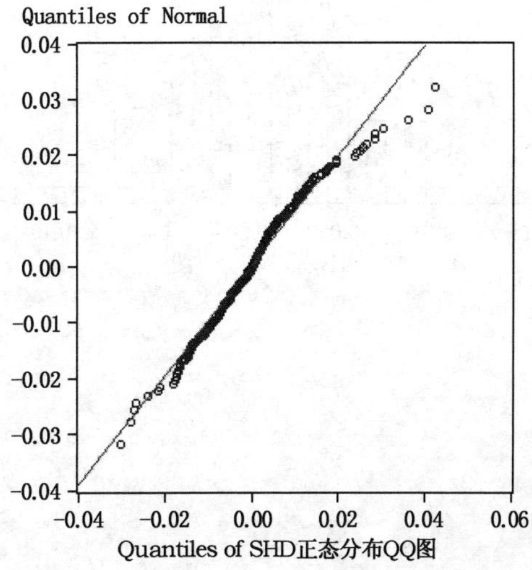

Quantiles of SHD正态分布QQ图

以上各图是通过 Excel 和 Eviews 软件得出的，其中 Excel 软件做出的图形中包含了对数收益率的描述统计量和折线图，Eviews 软件则绘出了对数收益率的直方分布图、折线分布图和 QQ 图。从以上各图中可以看出，除了两个极端的少量数据外，QQ 图中的点都在直线上，因此对数收益率基本符合正态分布。以下各指数的对数收益率和这里分析的上证指数对数收益率图形基本相似，因此，可以肯定各指数的对数收益率基本符合正态分布。下面不再一一说明。

2. 上证综合指数周对数收益率

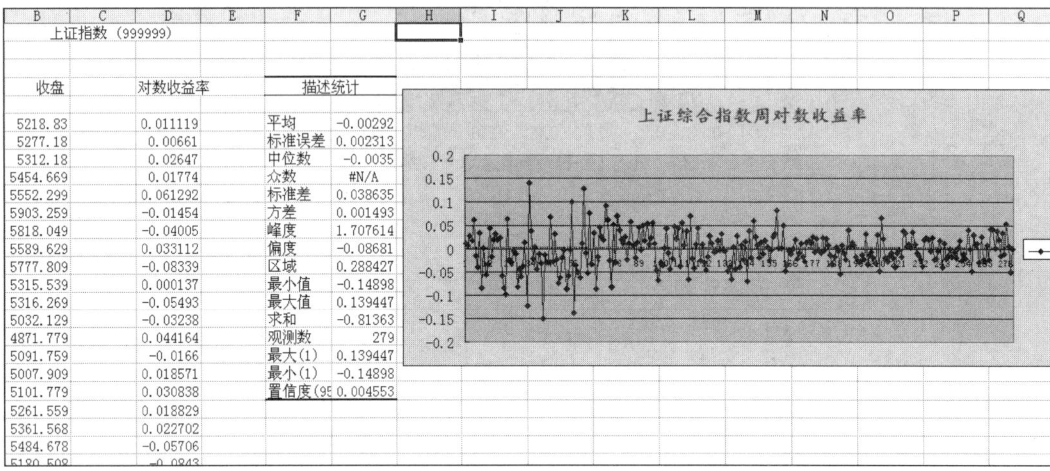

上证指数 (999999)

收盘	对数收益率	描述统计	
5218.83	0.011119	平均	-0.00292
5277.18	0.00661	标准误差	0.002313
5312.18	0.02647	中位数	-0.0035
5454.669	0.01774	众数	#N/A
5552.299	0.061292	标准差	0.038635
5903.259	-0.01454	方差	0.001493
5818.049	-0.04005	峰度	1.707614
5589.629	0.033112	偏度	-0.08681
5777.809	-0.08339	区域	0.288427
5315.539	0.000137	最小值	-0.14898
5316.269	-0.05493	最大值	0.139447
5032.129	-0.03238	求和	-0.81363
4871.779	0.044164	观测数	279
5091.759	-0.0166	最大(1)	0.139447
5007.909	0.018571	最小(1)	-0.14898
5101.779	0.030838	置信度(95	0.004553
5261.559	0.018829		
5361.568	0.022702		
5484.678	-0.05706		
5180.508	-0.0843		

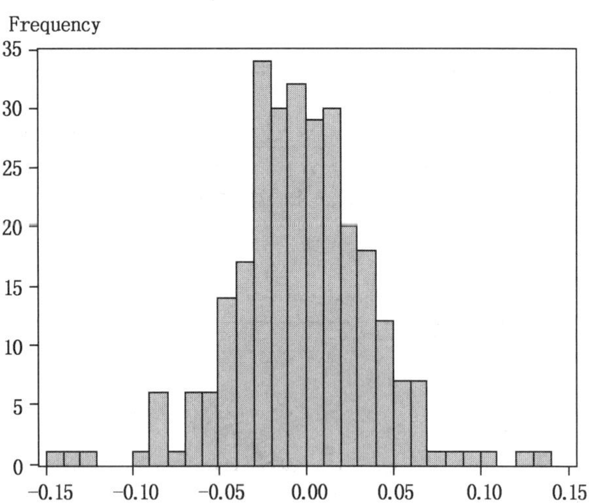

SHW的直方分布图

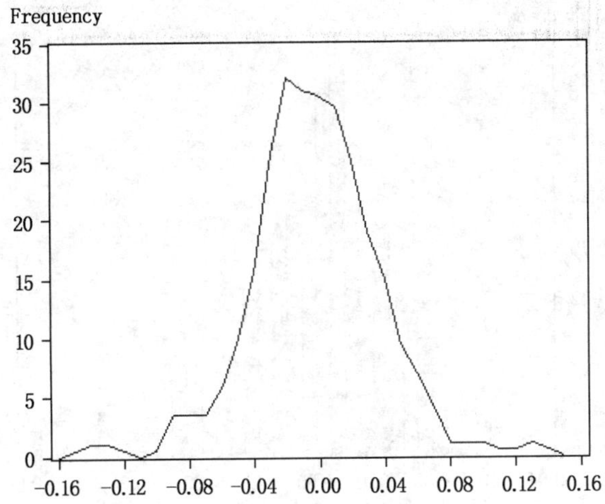

SHW的折线分布图

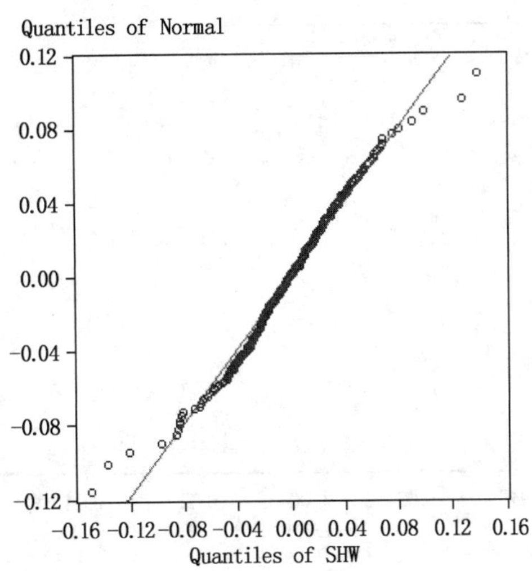

3. 深圳成分指数日对数收益率

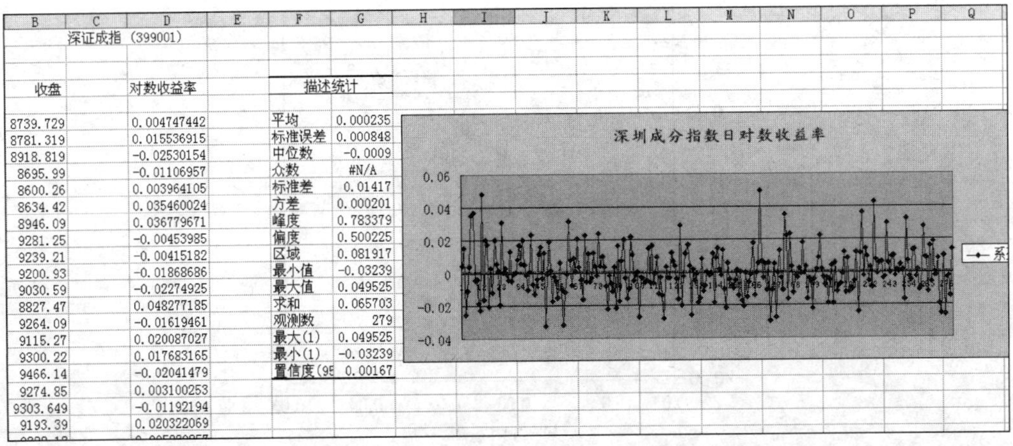

B	C	D	E	F	G
深证成指（399001）					
收盘		对数收益率		描述统计	
8739.729		0.004747442		平均	0.000235
8781.319		0.015536915		标准误差	0.000848
8918.819		−0.02530154		中位数	−0.0009
8695.99		−0.01106957		众数	#N/A
8600.26		0.003964105		标准差	0.01417
8634.42		0.035460024		方差	0.000201
8946.09		0.036779671		峰度	0.783379
9281.25		−0.00453985		偏度	0.500225
9239.21		−0.00415182		区域	0.081917
9200.93		−0.01868686		最小值	−0.03239
9030.59		−0.02274925		最大值	0.049525
8827.47		0.048277185		求和	0.065703
9264.09		−0.01619461		观测数	279
9115.27		0.020087027		最大(1)	0.049525
9300.22		0.017683165		最小(1)	−0.03239
9466.14		−0.02041479		置信度(95	0.00167
9274.85		0.003100253			
9303.649		−0.01192194			
9193.39		0.020322069			

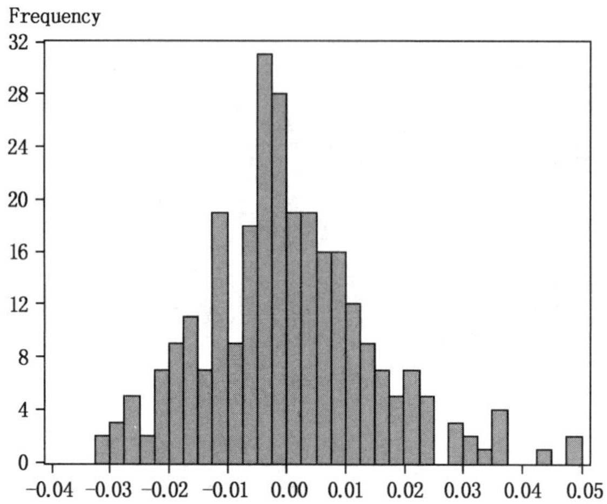

SZD的直方分布图

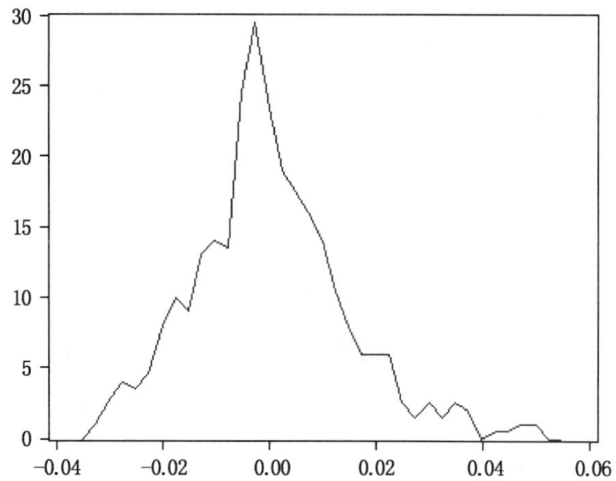

SZD的折线分布图

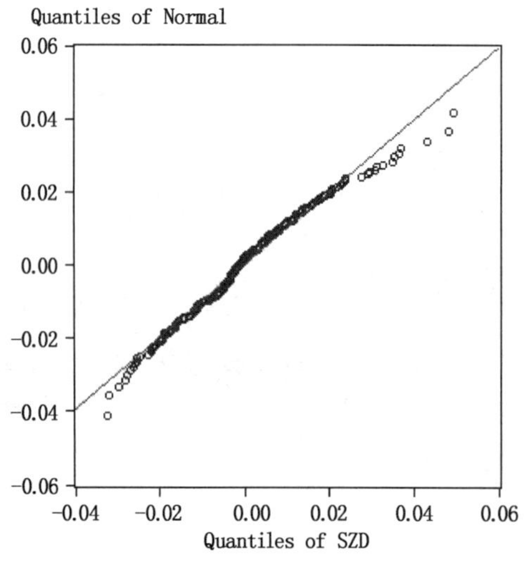

4. 深圳成分指数周对数收益率

深证成指（399001）

收盘	对数收益率	描述统计	
17872.11	-0.01114	平均	-0.00233
17674.1	0.030074	标准误差	0.002681
18213.71	0.000816	中位数	-0.00183
18228.57	0.034294	众数	#N/A
18864.55	0.014245	标准差	0.044774
19135.2	-0.01582	方差	0.002005
18834.8	-0.01758	峰度	1.863838
18506.52	0.003119	偏度	-0.30187
18564.34	-0.07865	区域	0.31766
17160.12	-0.02549	最小值	-0.16877
16728.26	-0.03101	最大值	0.148892
16217.51	-0.03641	求和	-0.64966
15637.66	0.068741	观测数	279
16750.42	-0.01606	最大(1)	0.148892
16483.5	0.019536	最小(1)	-0.16877
16808.68	0.051704		
17700.62	0.02355		
18122.41	0.048162		
19016.59	-0.04767		
18131.38	-0.04728		

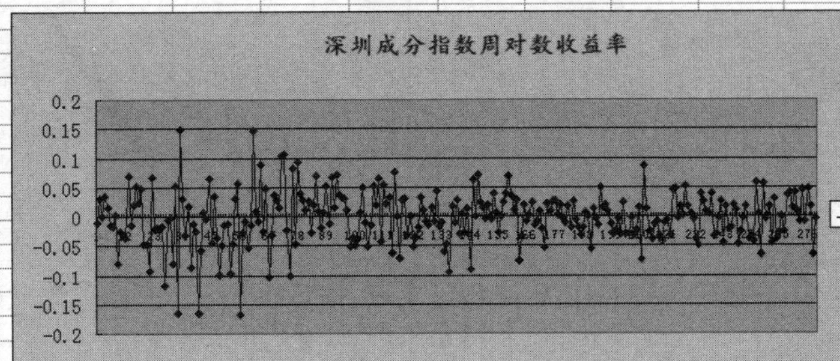

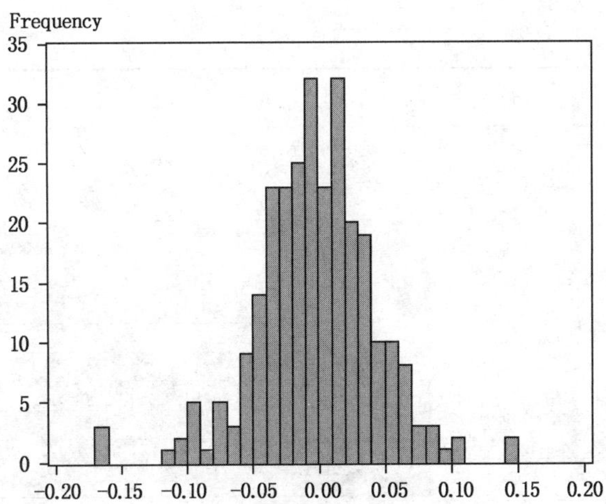

SZW的直方分布图

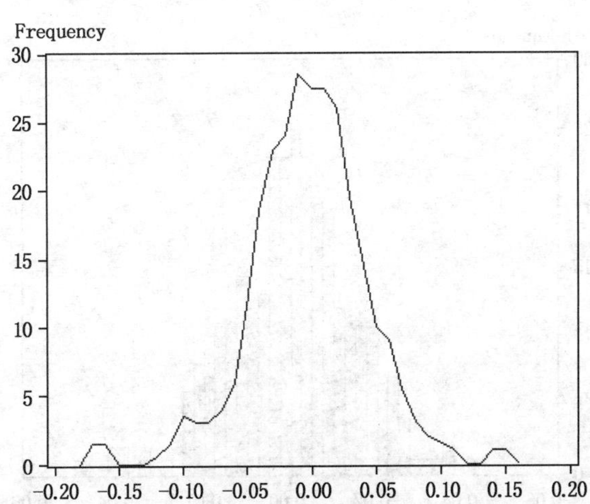

SZW的折线分布图

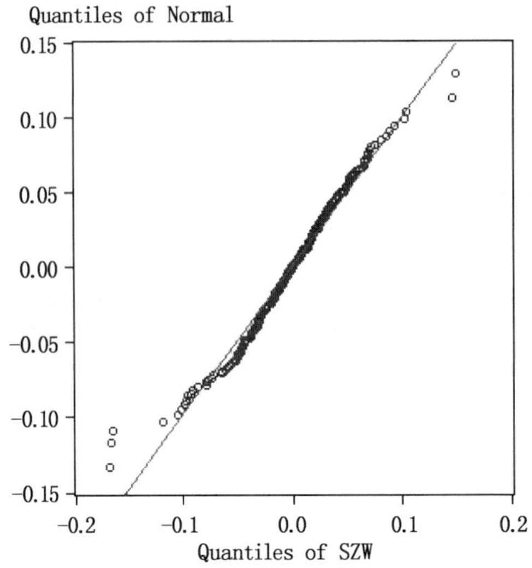

5. 中小板日对数收益率

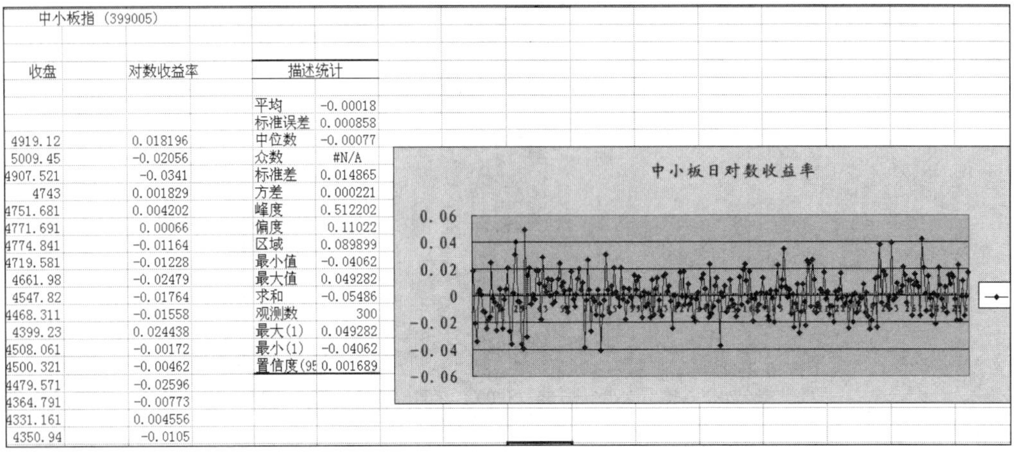

中小板指（399005）

收盘	对数收益率	描述统计	
		平均	-0.00018
		标准误差	0.000858
4919.12	0.018196	中位数	-0.00077
5009.45	-0.02056	众数	#N/A
4907.521	-0.0341	标准差	0.014865
4743	0.001829	方差	0.000221
4751.681	0.004202	峰度	0.512202
4771.691	0.00066	偏度	0.11022
4774.841	-0.01164	区域	0.089899
4719.581	-0.01228	最小值	-0.04062
4661.98	-0.02479	最大值	0.049282
4547.82	-0.01764	求和	-0.05486
4468.311	-0.01558	观测数	300
4399.23	0.024438	最大(1)	0.049282
4508.061	-0.00172	最小(1)	-0.04062
4500.321	-0.00462	置信度(95	0.001689
4479.571	-0.02596		
4364.791	-0.00773		
4331.161	0.004556		
4350.94	-0.0105		

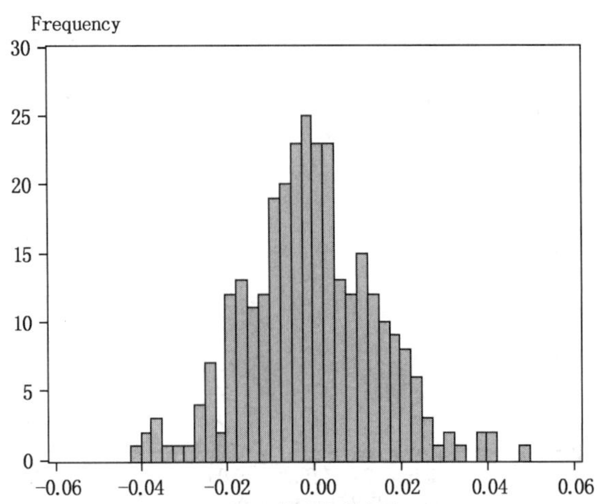

ZXD的直方分布图

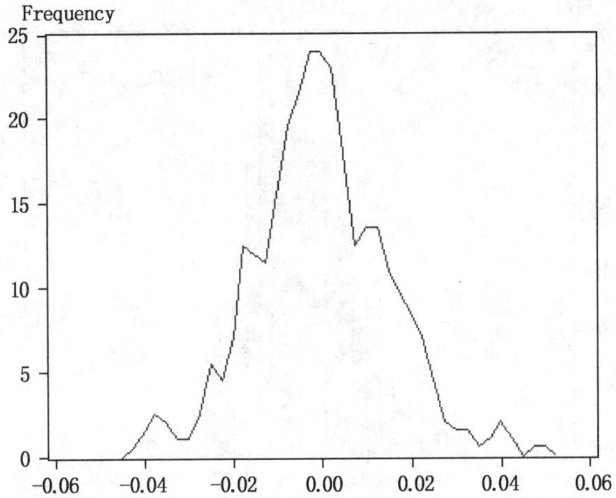

ZXD的折线分布图

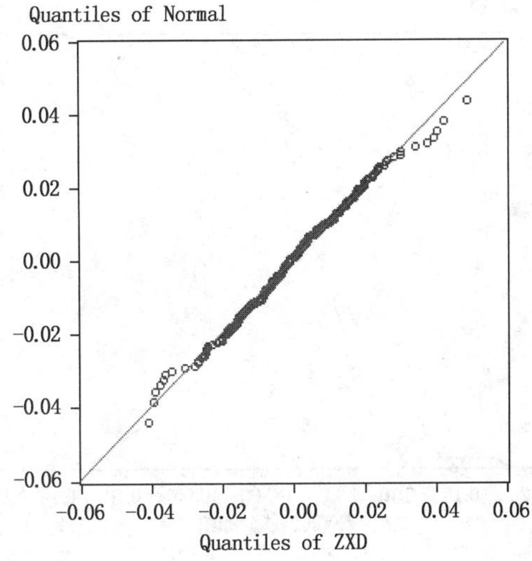

6. 中小板周对数收益率

中小板指（399005）

收盘	对数收益率	描述统计	
3805.449	0.068179	平均	0.000673
4073.949	0.034048	标准误差	0.002568
4215.049	-0.00156	中位数	0.003523
4208.459	0.015177	众数	#N/A
4272.82	0.004952	标准差	0.04448
4294.03	0.055941	方差	0.001979
4541.09	0.052699	峰度	1.076569
4786.82	-0.06686	偏度	-0.44512
4477.23	0.021556	区域	0.314075
4574.791	0.090989	最小值	-0.16927
5010.571	-0.05736	最大值	0.144804
4731.251	-0.08504	求和	0.201832
4345.521	0.009366	观测数	300
4386.411	0.013021	最大(1)	0.144804
4443.901	0.05484	最小(1)	-0.16927
4694.411	0.060667	置信度(95	0.005054
4988.021	0.050358		
5245.641	-0.01558		
5164.55	0.000482		

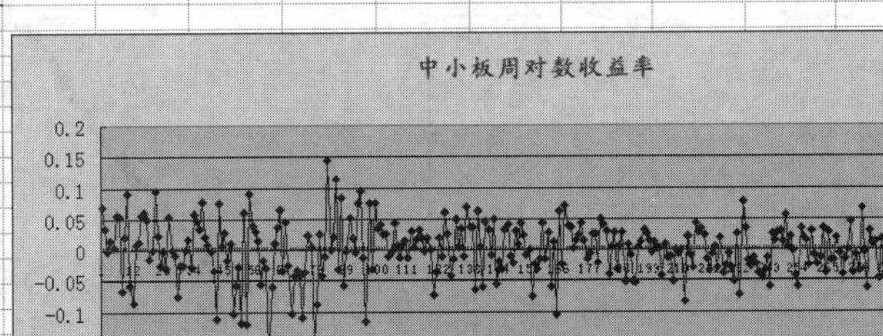

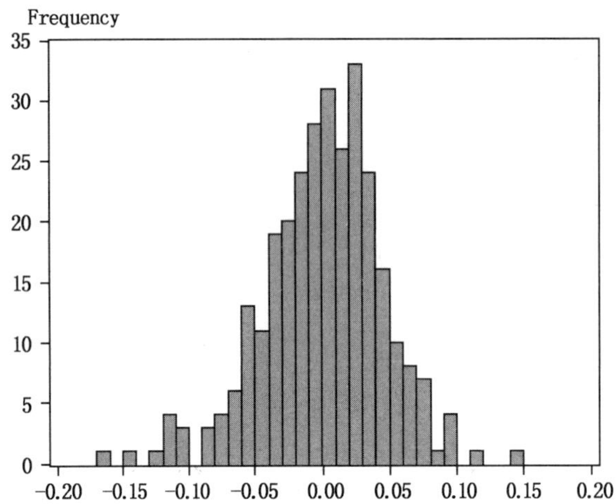

ZXW的直方分布图

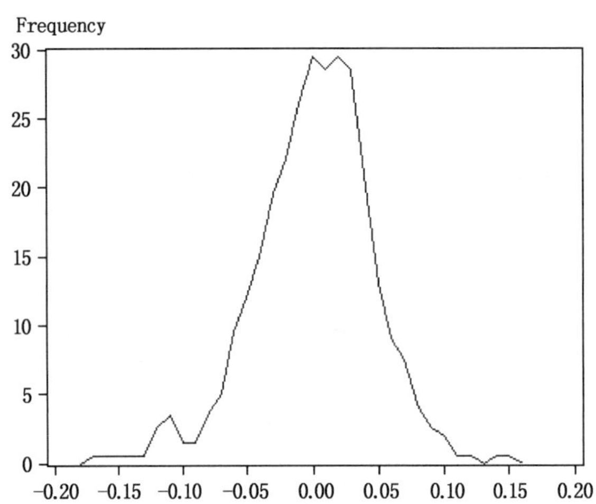

ZXW的折线分布图

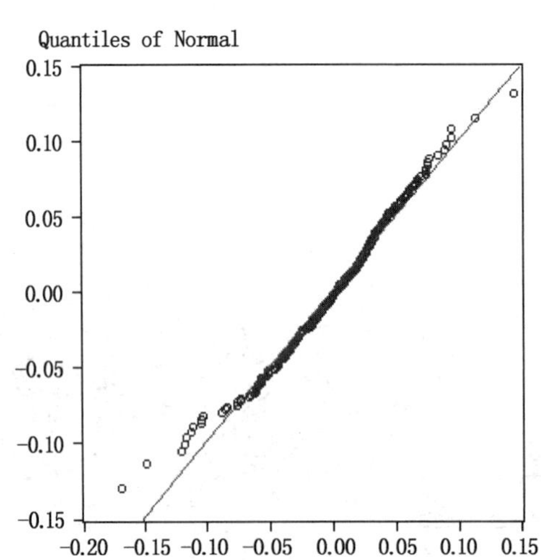

7. 创业板日对数收益率

创业板指（399006）

收盘	对数收益率	描述统计	
838.11	0.017458	平均	9.02E-05
852.87	-0.02817	标准误差	0.001038
829.18	-0.04524	中位数	8.61E-05
792.5	0.007041	众数	#N/A
798.1	0.00566	标准差	0.017972
802.63	0.008436	方差	0.000323
809.43	-0.01317	峰度	1.071484
798.84	-0.01013	偏度	-0.53851
790.79	-0.02805	区域	0.108101
768.92	-0.01726	最小值	-0.0637
755.76	-0.01225	最大值	0.0444
746.56	0.042253	求和	0.027061
778.78	0.018649	观测数	300
793.44	-0.01527	最大(1)	0.0444
781.42	-0.02603	最小(1)	-0.0637
761.34	-0.00453	置信度(95	0.002042
757.9	0.00466		
761.44	-0.01108		
753.05	-0.03497		
727.17	-0.01332		
717.55	-0.00139		

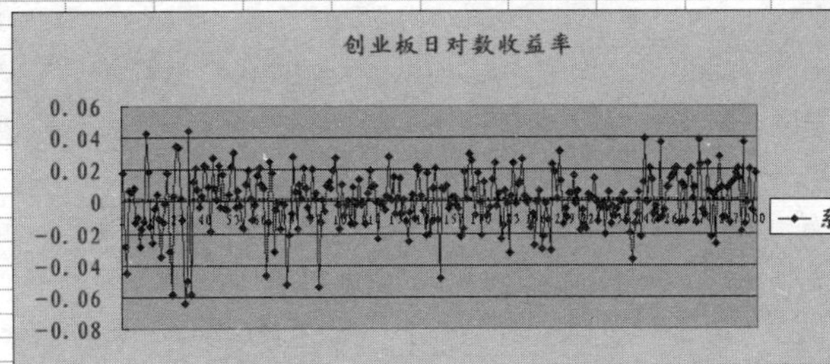

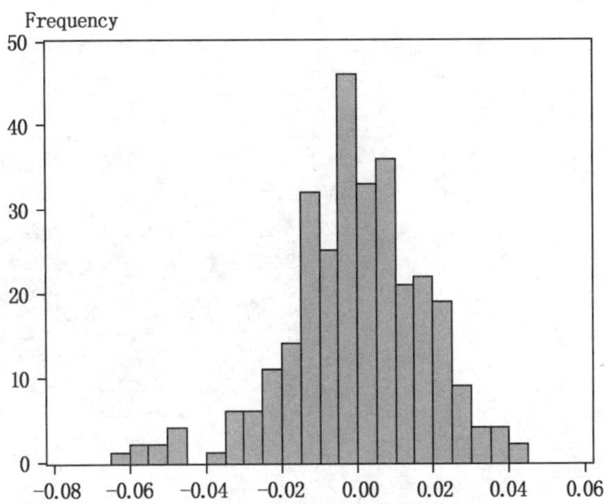

CYD的直方分布图

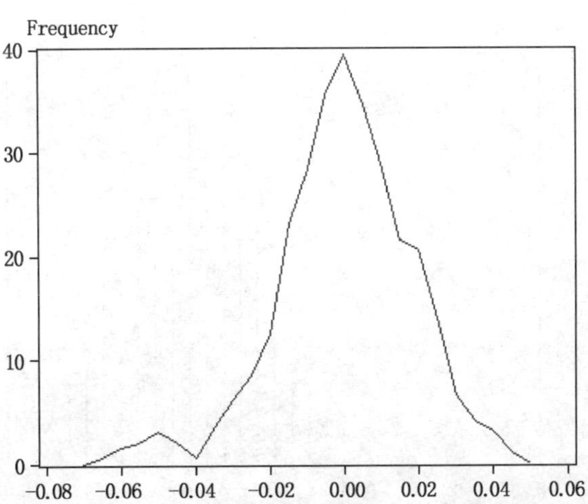

CYD的折线分布图

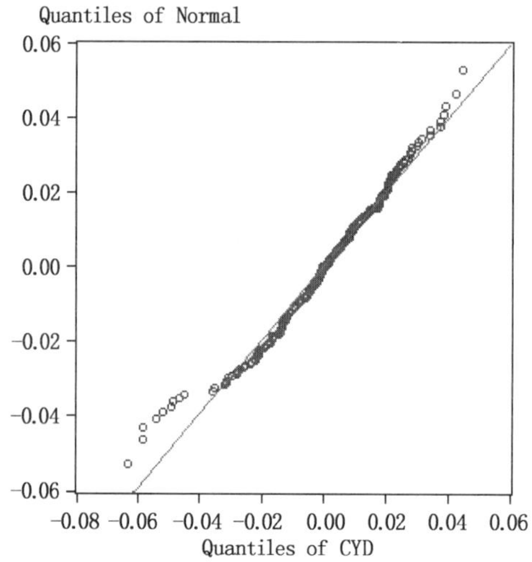

8. 创业板周对数收益率

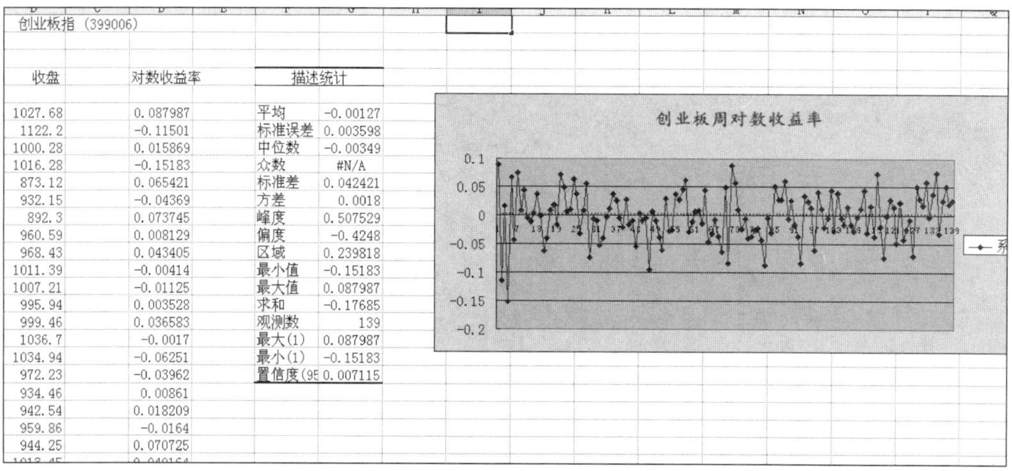

创业板指 (399006)

收盘	对数收益率	描述统计	
1027.68	0.087987	平均	-0.00127
1122.2	-0.11501	标准误差	0.003598
1000.28	0.015869	中位数	-0.00349
1016.28	-0.15183	众数	#N/A
873.12	0.065421	标准差	0.042421
932.15	-0.04369	方差	0.0018
892.3	0.073745	峰度	0.507529
960.59	0.008129	偏度	-0.4248
968.43	0.043405	区域	0.239818
1011.39	-0.00414	最小值	-0.15183
1007.21	-0.01125	最大值	0.087987
995.94	0.003528	求和	-0.17685
999.46	0.036583	观测数	139
1036.7	-0.0017	最大(1)	0.087987
1034.94	-0.06251	最小(1)	-0.15183
972.23	-0.03962	置信度(95	0.007115
934.46	0.00861		
942.54	0.018209		
959.86	-0.0164		
944.25	0.070725		

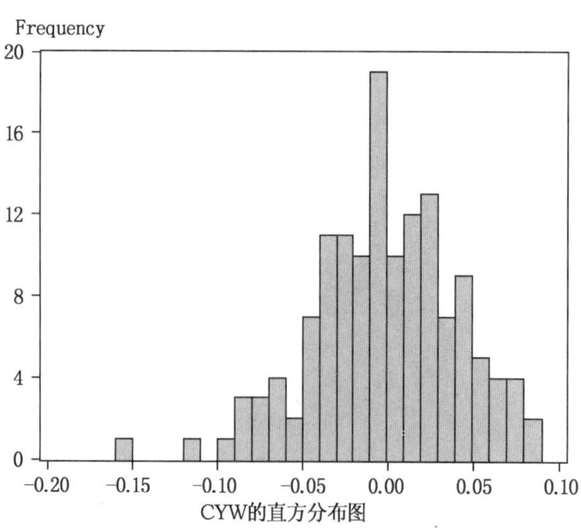

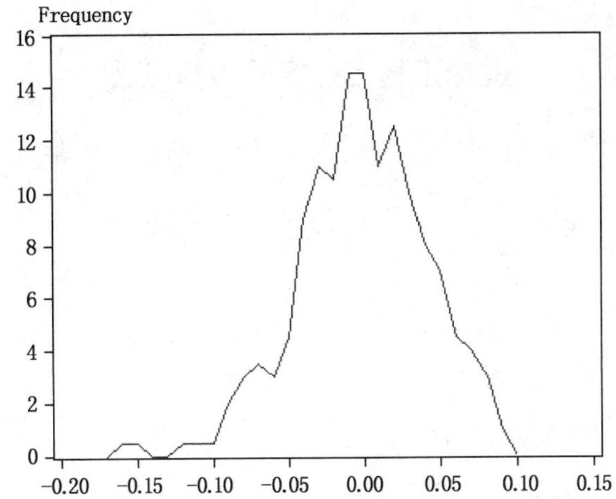

CYW的折线分布图

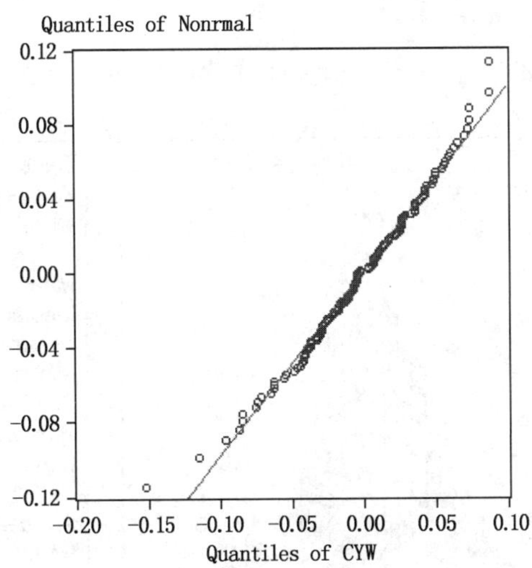

四、总结与思考

根据实验结果，你认为实际金融收益率分布与正态分布的区别是怎样的？这会带来什么影响？

答：理论上的金融收益率是符合正态分布的，但建立在许多的假设之上。一是假设投资者是理性的，理性评估资产价格；二是假设即使某些投资者不理性，但由于其交易具有随机性，可互相抵消，资产价格不至于出现根本性偏离；三是假设即使投机者的非理性行为并未随机而具有相关性，市场中的理性套利者也会通过无风险套利消除这种影响；四是假设市场是高效的，交易能及时成交。

但事实上，投资者并非都是理性的，而且金融市场上存在各种风险，有来自外界的风险，如国家风险；也有来自内部的各种风险，如人员的操作风险等。所以造成实际金融收益率并不是完全符合正态分布的现象，但我们从以上对各种指数的收益率分析中可以发现：实际金融收益率基本符合正态分布。

影响：由于存在各种不确定因素，所以实际金融收益率并不能被我们准确地预测。

附:实验报告实例 2—2

金融工程专业实验报告(二)

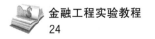

实验名称______资产收益率的分布统计实验______

实验日期____年____月____日　　　　指导教师________

专业班级________姓名________学号________

一、实验目的

(该部分内容与前面内容雷同,故省略。)

二、实验内容及要求

(该部分内容与前面内容雷同,故省略。)

三、实验结果(可在后面附页)

上证综合指数日数据的频率分布图和统计分析:

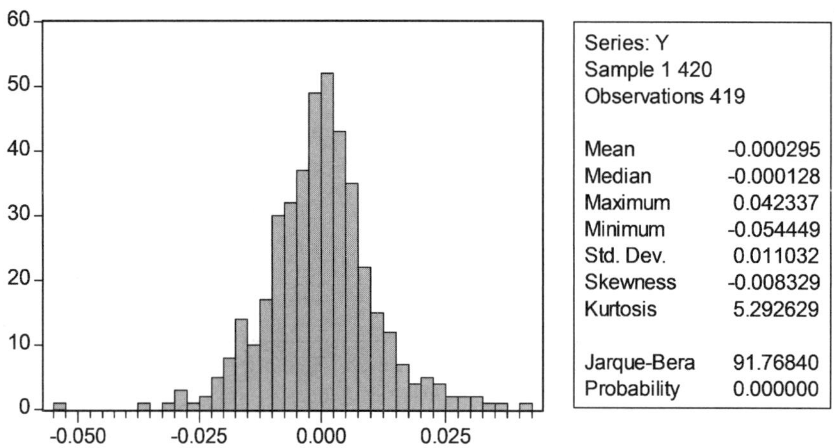

上证综合指数周数据的频率分布图和统计分析:

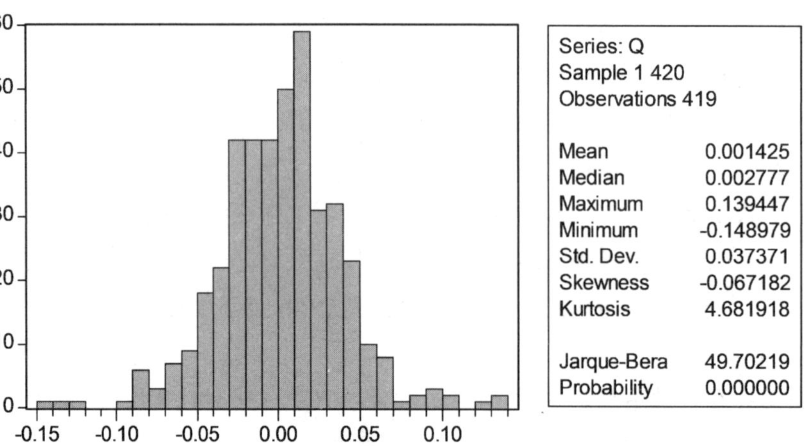

深证综指日数据的频率分布图和统计分析：

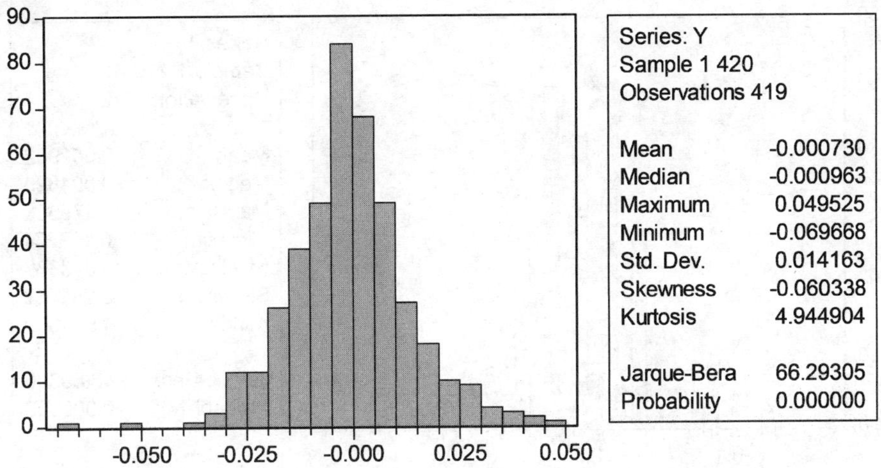

深证综指周数据的频率分布图和统计分析：

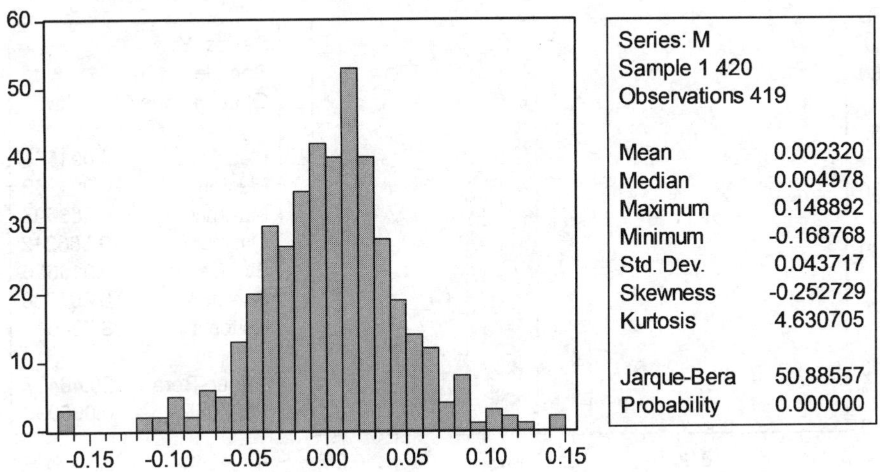

中小板指数日数据的频率分布图和统计分析：

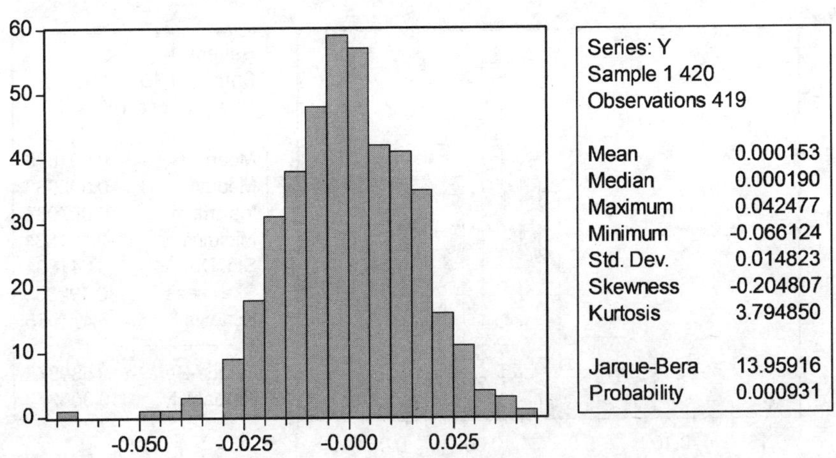

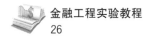

中小板指数周数据的频率分布图和统计分析：

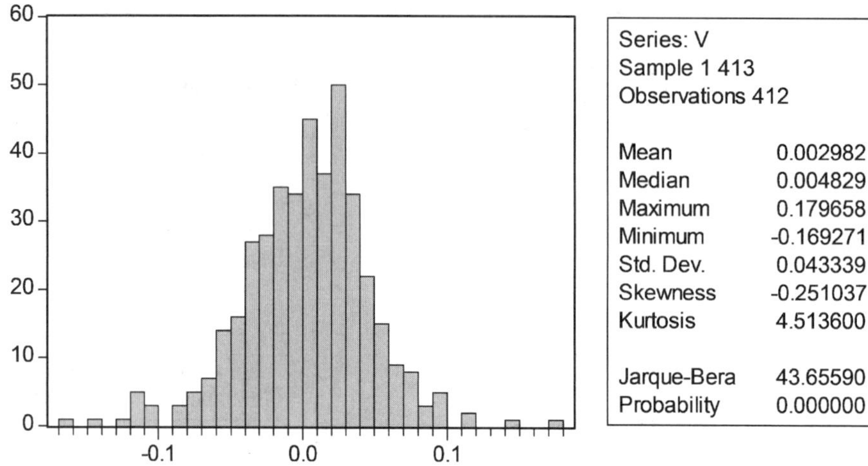

创业板指数日数据的频率分布图和统计分析：

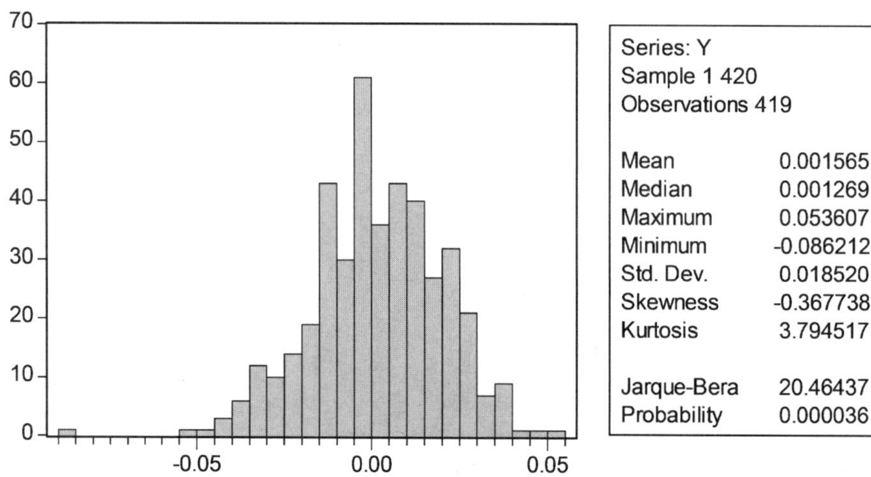

创业板指数周数据的频率分布图和统计分析：

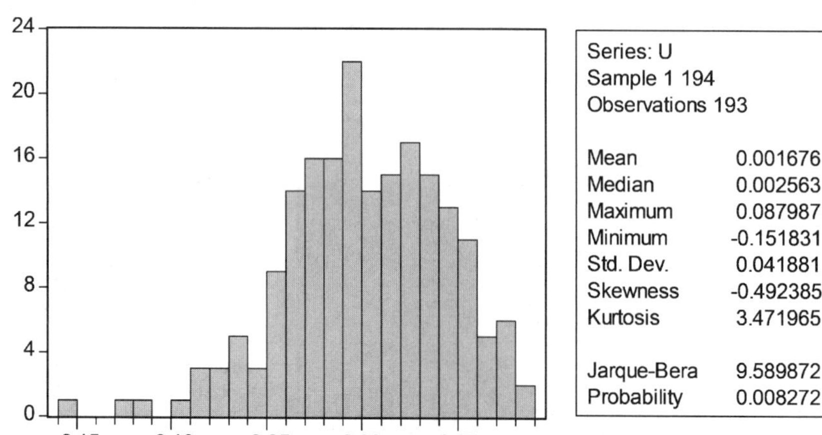

四、总结与思考

根据实验结果，你认为实际金融收益率分布与正态分布的区别是怎样的？这会带来什么影响？

答：通过实证分析，发现这几个金融收益率分布（无论是日数据还是周数据）都不服从正态分布，因为 Jarque-Bera 所对应的 p 值都小于 0.05，即拒绝原假设，不服从正态分布。从统计量 Kurtosis 可以看出，这几个金融收益率（无论是日数据还是周数据）都是尖峰厚尾，因为 Kurtosis>3。

影响：由于这些金融收益率具有尖峰厚尾的特征，说明股价波动具有集群性，即大幅度的波动集中在某些时段上，而小幅度的波动则集中在另一些时段上。国外关于厚尾的一种解释是：信息的出现是线性的，而投资者对信息的反应是非线性的。虽然信息以线性方式传入投资者，但投资者在趋势十分明显之前忽略了信息，然后又以累积的方式对所有被忽略的信息做出反应，从而产生收益率的厚尾分布。具体到我国股市，还由于我国股市与成熟股市相比规范性较差、投资者素质较低且不够理性、上市公司造假行为不断出现、政策影响过大等原因，因而经常出现"大牛市"和"大熊市"。

由于这些金融收益率不服从正态分布，表明股票市场股价波动并不满足有效市场假说，不是随机游走的，而是具有一定的规律性，表现为具有长期记忆特性以及状态的持续性。收益率序列可能不独立而是存在微弱的自相关。

实验项目三

资产组合市场模型的建立

一、实验目的

通过对资产组合进行数据分析，建立起单个资产和资产组合的市场模型。

二、实验内容及要求

1. 收集实验数据

收集至少 5 只股票日交易数据，以及沪深 300 指数的相应日交易数据。

2. 计算各股票的 β 系数

将收集到的交易数据转换为对数收益率数据，公式为 $R_i = \mathrm{Ln}(P_i/P_{i-1})$，其中，$P_i$ 为第 i 天的收盘价。对各金融品种的对数收益率数据序列，使用 Excel 软件回归计算对沪深 300 指数的 α 和 β 系数。

Excel 软件中使用“工具”——“数据分析”——“回归”完成两个变量间的回归。依据的公式为：

$$\boldsymbol{R_i = \alpha + \beta \times R_m + \varepsilon_i}$$

其中，R_i 为单个股票的对数收益率，R_m 为沪深 300 指数的对数收益率。此模型可看作资产的市场模型。

3. 计算资产组合的 β 系数

$$\textbf{资产组合的 } \boldsymbol{\beta} \textbf{ 系数} = \sum \boldsymbol{W_i \times \beta_i}$$

其中，W_i 为各资产在组合中的权重，β_i 为各单个资产的 β 系数。

4. 实验结果要求

要求在实验报告中，报告各资产回归分析的结果，给出各单个资产的市场模型。给出资产组合的 β 系数计算结果。

三、实验背景与理论基础

1. 资本资产定价模型和市场模型

在金融工程专业所学的课程中，一个非常重要的金融计量理论就是资本资产定价模型(CAPM)，其公式为：

$$E(R_i)-R_f=\beta\times[E(R_m)-R_f] \tag{3-1}$$

其中，$E(R_i)$是单个风险资产的预期收益率；$E(R_m)$是市场的预期收益率；R_f代表无风险收益率；β系数是单个风险资产承担的系统风险的一个衡量指标，代表单个风险资产对整个市场组合风险的贡献程度。

概括来说，资本资产定价模型的含义是，单个风险资产的风险溢价(资产的收益超过无风险收益的部分)，是整个市场组合的风险溢价的β倍。单个风险资产对整个市场系统风险的贡献程度越大，所获得的风险溢价越高。而β可以看作衡量单个风险资产的系统风险的一个指标。

资本资产定价模型的含义非常深刻，它揭示了对风险资产，市场应该如何对其风险进行补偿，也就是如何为风险资产定价的问题。资本资产定价模型表明，只有资产中的系统风险部分可以得到收益上的补偿，而非系统风险不能得到收益上的补偿。资本资产定价模型对风险定价的深刻内涵，使得它广泛应用于各种场合的风险定价问题，而不仅局限于对股票这类风险资产的定价。由于资本资产定价模型在风险定价方面的突出地位，该模型在主流的金融计量理论中占有非常重要的地位，尤其是对证券的风险定价，应用非常广泛。

关于资本资产定价模型的实证研究非常多，但该模型在进行实证研究中经常面临一些困难。比如无风险收益率的选取，不同的无风险收益率的选择经常给实证分析带来困惑。因此，在本次实验中，我们用市场模型代替资本资产定价模型，来进行统计分析。

对资本资产定价模型进行变形，可以得到市场模型的形式为：

$$R_i=\alpha+\beta\times R_m+\varepsilon_i \tag{3-2}$$

其中，R_i为单个股票的对数收益率，R_m为市场指数的对数收益率。此模型可看作资产的市场模型。

在资本资产定价模型中，很多时候我们关注的是资产的β系数，这是衡量资产的风险大小的指标。所以我们可以用市场模型进行统计分析，得出市场模型中的β系数可以看作CAPM模型中的β系数，而不是直接使用资本资产定价模型进行统计分析。由于市场模型在实证分析中所需的限制较少，这样可以避免直接使用资本资产定价模型带来的实证研究上的困难。

2. 实证方法

使用实际金融数据进行市场模型的统计分析，实质上就是对市场指数的收益率时间序列和单个风险资产的收益率时间序列进行简单的线性回归。目的是通过实际的金融数据回归得到市场模型的两个参数——α和β系数。这两个参数中，我们更关心β系数，各资产的β系数在后面的实验中还要进一步使用。

回归的统计原理就是所谓的“最小二乘法”，在本课程前的统计学课程中有详细的讲述，这里不再重复。

由于资本资产定价模型是线性方程，经过推导，可以得到β系数具有可加性。资产组合的β系数，是组合中各资产的β系数的加权平均值。根据这样的性质，可以通过单个风险资产的β系数，得到资产组合的β系数。

在资本资产定价模型的实证研究中，理论上是要选择包含所有风险资产的组合，但实际实证分析中，通常是选择市场的重要指数作为风险资产组合的替代。在本实验中，选的是“沪深300指数”。之所以选择这个指数，是因为后面在利用股指期货进行套期保值实验时，需要使用各风险资产的β系数来计算套期保值的最优期货合约数量，而我国的股指期货IF合约的标的指数是“沪深300”指数。因此，在本实验中，选择的指数也是“沪深300”指数。当然，如果手中的股票组合多是中小盘的股票，也可以选择股指期货的IC合约进行套期保值。这时在计算市场模型的参数时，应该使用“中证500”指数。

四、实验操作要点指导

1. 收集金融品种的交易数据

如何收集交易数据，参见实验二的实验操作要点指导部分。在实验一中，大家已经建立了自己的股票组合，因此可以尽量收集自己的资产组合中的股票交易数据。在收集数据过程中，有两点需要注意。

一是应注意指数和个股数据在时间上的一一对应。由于个股存在停牌等情况，可能会出现个股的交易数据和指数的交易数据不能完全一一对应的情况。对这种情况，简单的处理办法是对个股因停牌等原因而出现的缺少的交易数据，采用线性插值的方法补全。所谓线性插值，简单来说就是先计算数据缺口两端的数据差值，然后将这个差值，根据数据缺口里面缺少的数据个数平均分配，使得数据在缺口中均匀增加或者均匀减少。

二是个股数据应该“复权”处理。个股由于发放红利等原因，会出现价格的突然“跳跃”，这会影响计算的结果。因此，在收集数据的时候应先“复权”处理，然后再进行数据收集。在交易软件上点右键，选择“复权处理”可以实现数据的复权（见图3—1）。

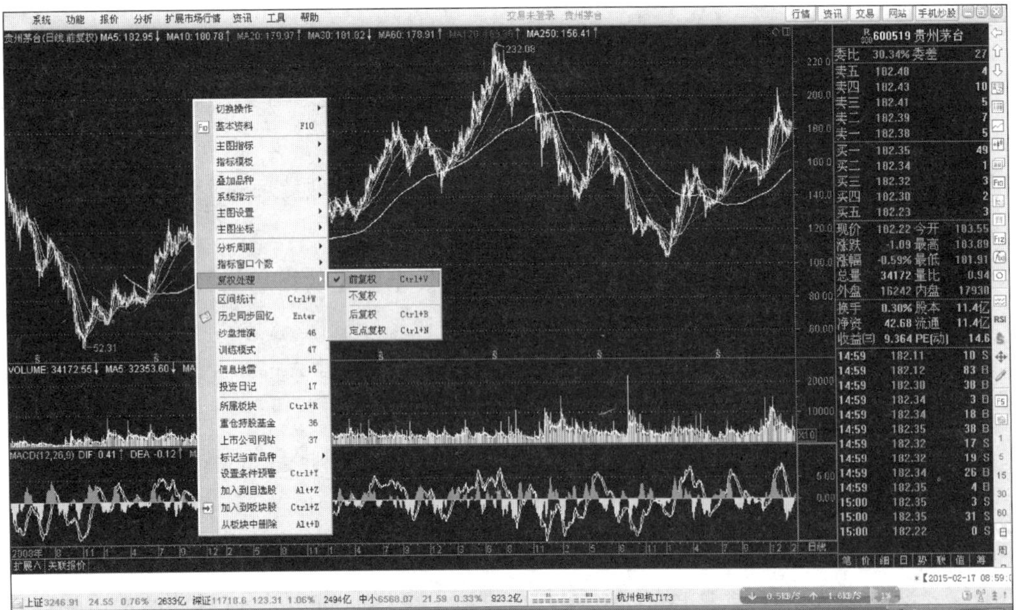

图3—1　交易数据的复权处理

2. 计算各股票的 β 系数

将收集到的交易数据转换为对数收益率数据，公式为 $R_i = \mathrm{Ln}(P_i / P_{i-1})$，对各金融品种的对数收益率数据序列，单个资产的对数收益率序列与指数的收益率序列应一一对应，两两使用 Excel 软件计算单个资产对沪深 300 指数的 α 和 β 系数。

以 Excel 2003 为例，Excel 软件中使用“工具”——“数据分析”——“回归”完成两个变量间的回归（见图 3－2）。这里的回归计算，也可以使用 Eviews 或 Spss 等其他软件。

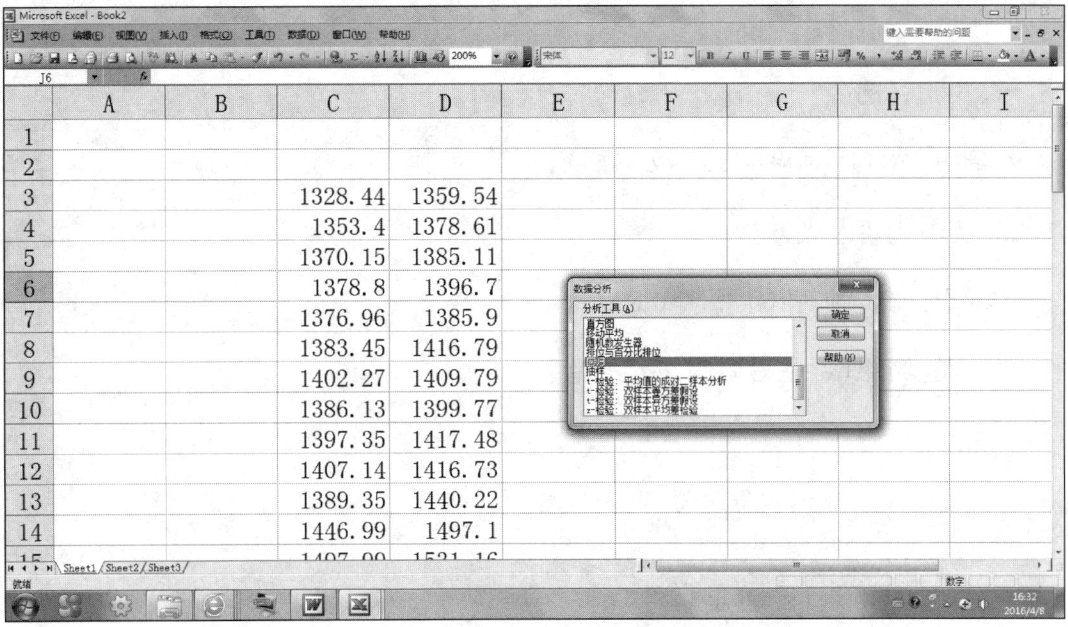

图 3－2　回归分析界面

如果在“工具”按钮的下拉菜单中找不到“数据分析”等选项，可以在该菜单选项中选择“加载宏”，进一步选择“分析工具库”进行加载。加载宏后就可以找到数据分析工具。

五、总结与思考

你认为各种不同的股票资产的风险情况怎样？

附:实验报告实例3—1

金融工程专业实验报告(三)

实验名称＿＿＿＿资产组合市场模型的建立＿＿＿＿

实验日期＿＿年＿＿月＿＿日　　指导教师＿＿＿＿

专业班级＿＿＿＿姓名＿＿＿＿学号＿＿＿＿

一、实验目的

(该部分内容与前面内容雷同,故省略。)

二、实验内容及要求

(该部分内容与前面内容雷同,故省略。)

三、实验结果(可在后面附页)

1. 探路者:

Dependent Variable: Y
Method: Least Squares
Date: 03/25/14 Time: 22:52
Sample (adjusted): 1 287
Included observations: 287 after adjustments

Variable	Coefficient	Std. Error	t-Statistic	Prob.
C	0.002318	0.001796	1.290452	0.1979
N	0.942401	0.131735	7.153776	0.0000

R-squared	0.152231	Mean dependent var	0.001733
Adjusted R-squared	0.149256	S.D. dependent var	0.032960
S.E. of regression	0.030401	Akaike info criterion	-4.141747
Sum squared resid	0.263401	Schwarz criterion	-4.116245
Log likelihood	596.3407	F-statistic	51.17651
Durbin-Watson stat	1.662432	Prob(F-statistic)	0.000000

$Y=0.002318130834+0.9424012618\times N$

β 系数为 0.9424012618

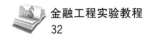

2. 华仁药业：

Dependent Variable: Y
Method: Least Squares
Date: 03/25/14   Time: 23:00
Sample (adjusted): 1 287
Included observations: 287 after adjustments

Variable	Coefficient	Std. Error	t-Statistic	Prob.
C	0.002908	0.001612	1.803370	0.0724
N	0.727102	0.118249	6.148895	0.0000

R-squared	0.117125	Mean dependent var	0.002456
Adjusted R-squared	0.114027	S.D. dependent var	0.028992
S.E. of regression	0.027289	Akaike info criterion	-4.357741
Sum squared resid	0.212232	Schwarz criterion	-4.332240
Log likelihood	627.3359	F-statistic	37.80891
Durbin-Watson stat	2.020144	Prob(F-statistic)	0.000000

$Y = 0.002907893345 + 0.7271015632 \times N$

β 系数为 0.7271015632

3. 浙江东方：

Dependent Variable: Y
Method: Least Squares
Date: 03/25/14   Time: 23:03
Sample (adjusted): 1 287
Included observations: 287 after adjustments

Variable	Coefficient	Std. Error	t-Statistic	Prob.
C	0.001831	0.001356	1.350598	0.1779
N	0.920615	0.099417	9.260178	0.0000

R-squared	0.231290	Mean dependent var	0.001259
Adjusted R-squared	0.228593	S.D. dependent var	0.026122
S.E. of regression	0.022943	Akaike info criterion	-4.704691
Sum squared resid	0.150014	Schwarz criterion	-4.679190
Log likelihood	677.1232	F-statistic	85.75090
Durbin-Watson stat	2.021897	Prob(F-statistic)	0.000000

$Y = 0.001830966612 + 0.9206149913 \times N$

β 系数为 0.9206149913

4. 友谊股份：

Dependent Variable: Y
Method: Least Squares
Date: 03/25/14 Time: 23:10
Sample (adjusted): 1 287
Included observations: 287 after adjustments

Variable	Coefficient	Std. Error	t-Statistic	Prob.
C	0.000983	0.001301	0.755704	0.4505
N	1.216064	0.095385	12.74896	0.0000

R-squared	0.363180	Mean dependent var	0.000227
Adjusted R-squared	0.360945	S.D. dependent var	0.027536
S.E. of regression	0.022012	Akaike info criterion	-4.787479
Sum squared resid	0.138095	Schwarz criterion	-4.761978
Log likelihood	689.0033	F-statistic	162.5361
Durbin-Watson stat	1.930848	Prob(F-statistic)	0.000000

$Y=0.0009829447459+1.216063983\times N$

β 系数为 1.216063983

5. 华东重机：

Dependent Variable: Y
Method: Least Squares
Date: 03/25/14 Time: 23:16
Sample (adjusted): 1 287
Included observations: 287 after adjustments

Variable	Coefficient	Std. Error	t-Statistic	Prob.
C	0.001203	0.001080	1.114217	0.2661
N	0.706722	0.079183	8.925142	0.0000

R-squared	0.218446	Mean dependent var	0.000764
Adjusted R-squared	0.215704	S.D. dependent var	0.020634
S.E. of regression	0.018273	Akaike info criterion	-5.159798
Sum squared resid	0.095166	Schwarz criterion	-5.134296
Log likelihood	742.4310	F-statistic	79.65815
Durbin-Watson stat	1.994441	Prob(F-statistic)	0.000000

$Y=0.00120309269+0.7067222184\times N$

β 系数为 0.7067222184

6. 海得控制：

Dependent Variable: Y
Method: Least Squares
Date: 03/25/14 Time: 23:19
Sample (adjusted): 1 287
Included observations: 287 after adjustments

Variable	Coefficient	Std. Error	t-Statistic	Prob.
C	0.003743	0.001644	2.276626	0.0236
N	0.630633	0.120556	5.231015	0.0000

R-squared	0.087602	Mean dependent var	0.003351
Adjusted R-squared	0.084400	S.D. dependent var	0.029075
S.E. of regression	0.027821	Akaike info criterion	-4.319092
Sum squared resid	0.220596	Schwarz criterion	-4.293591
Log likelihood	621.7897	F-statistic	27.36352
Durbin-Watson stat	1.814935	Prob(F-statistic)	0.000000

$Y=0.003742637905+0.6306327381\times N$

β 系数为 0.6306327381

股票名称	金额(元)	权重	β
探路者	1 145 000.00	0.165942029	0.9424012618
华仁药业	1 121 000.00	0.162463768	0.7271015632
浙江东方	1 168 000.00	0.169275362	0.9206149913
友谊股份	1 141 000.00	0.165362319	1.216063983
华东重机	1 027 000.00	0.14884058	0.7067222184
海得控制	1 298 000.00	0.188115942	0.6306327381

资产组合的 β 系数 $=\sum W_i\times\beta_i$

$$=0.9424012618\times0.165942029+0.7271015632\times0.162463768$$
$$+0.9206149913\times0.169275362+1.216063983\times0.165362319$$
$$+0.7067222184\times0.14884058+0.6306327381\times0.188115942$$
$$=0.85526125$$

资产组合的 β 系数为 0.85526125

四、总结与思考

你认为各种不同的股票资产的风险情况怎样？

答：探路者、华仁药业、浙江东方、华东重机、海得控制的 β 系数小于 1，投资保守，风险低，收益低；友谊股份的 β 系数大于 1，投资激进，风险高，收益高；整个资产的组合的 β 系数为 0.85526125，小于 1，所以整体来说，投机趋于保守，风险低，收益低。

附：实验报告实例3－2

金融工程专业实验报告(三)

实验名称______资产组合市场模型的建立______

实验日期______年______月______日　　　　指导教师______

专业班级______姓名______学号______

一、实验目的

(该部分内容与前面内容雷同，故省略。)

二、实验内容及要求

(该部分内容与前面内容雷同，故省略。)

三、实验结果(可在后面附页)

我的资产组合中包含5只股票，分别为中国石化、歌华有线、苏宁电器、德美化工和大禹节水。

1. 中国石化：

方差分析

	df	SS	MS	F
回归分析	1	0.000373	0.000373	2.498557
残差	145	0.021648	0.000149	
总计	146	0.022021		

	Coefficients	标准误差	t Stat	P-value
Intercept	−0.00025	0.00101	−0.24852	0.804081
X Variable 1	0.10803	0.068344	1.580682	0.11613

$\alpha=-0.00025, \beta=0.10803$

$R_i=-0.00025+0.10803R_m+\varepsilon_i$

2. 歌华有线：

方差分析

	df	SS	MS	F
回归分析	1	0.040737	0.040737	164.8221
残差	145	0.035837	0.000247	
总计	146	0.076574		

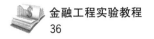

续表

	Coefficients	标准误差	t Stat	P-value
Intercept	0.000158	0.0013	0.121597	0.903387
X Variable 1	1.128917	0.087933	12.8383	1.12E−25

$\alpha=0.000158, \beta=1.128917$

$R_i=0.000158+1.128917R_m+\varepsilon_i$

3. 苏宁电器：

方差分析

	df	SS	MS	F
回归分析	1	0.025781	0.025781	147.8586
残差	145	0.025283	0.000174	
总计	146	0.051064		

	Coefficients	标准误差	t Stat	P-value
Intercept	−0.00145	0.001092	−1.32517	0.187198
X Variable 1	0.898096	0.073858	12.15971	6.8E−24

$\alpha=-0.00145, \beta=0.898096$

$R_i=-0.00145+0.898096R_m+\varepsilon_i$

4. 德美化工：

方差分析

	df	SS	MS	F
回归分析	1	0.049629	0.049629	128.81
残差	145	0.055867	0.000385	
总计	146	0.105496		

	Coefficients	标准误差	t Stat	P-value
Intercept	7.18E−05	0.001623	0.044235	0.964778
X Variable 1	1.246056	0.10979	11.34945	9.23E−22

$\alpha=7.18E-05, \beta=1.246056$

$R_i=0.00000718+1.246056R_m+\varepsilon_i$

5. 大禹节水:

方差分析

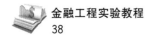

	df	SS	MS	F
回归分析	1	0.071949	0.071949	115.6109
残差	145	0.090239	0.000622	
总计	146	0.162188		

	Coefficients	标准误差	t Stat	P-value
Intercept	−0.00049	0.002063	−0.23755	0.812568
X Variable 1	1.500313	0.139535	10.75225	3.41E−20

$\alpha=-0.00049, \beta=1.500313$

$R_i=-0.00049+1.500313R_m+\varepsilon_i$

初始投入资金及权重:386 580

中国石化:¥7 680	1 000 股	1.98%
歌华有线:¥85 500	10 000 股	22.12%
苏宁电器:¥88 500	10 000 股	22.89%
德美化工:¥91 100	10 000 股	23.57%
大禹节水:¥113 800	10 000 股	29.44%

$$\begin{aligned}\text{资产组合的}\ \beta &= 1.98\%\times 0.10803+22.12\%\times 1.128917+22.89\%\times 0.898096+23.57\% \\ &\quad \times 1.246056+29.44\%\times 1.500313 \\ &= 1.192817\end{aligned}$$

四、总结与思考

你认为各种不同的股票资产的风险情况怎样?

答:我认为,各种不同的股票资产的风险不同。β 系数衡量的是个别股票相对于整个股市的价格波动情况。β 系数大于 1,说明这种股票的价格波动相对于整个市场更敏感,就是说如果市场向上波动 10%,这种股票会向上波动 10%以上;β 系数小于 1,说明这种股票的价格波动相对于整个市场更不敏感,如果市场向上波动 10%,这种股票的波动幅度会小于 10%。从本次实验我选择的不同的股票计算出来的 β 系数来看,中国石化和苏宁电器的 β 系数小于 1,说明这两只股票相对于市场的变动来说不是很敏感,风险厌恶型的投资者可以考虑投资这类股票;歌华有线、德美化工和大禹节水的 β 系数都大于 1,说明这些股票的价格波动幅度比整个市场的波动幅度要大,同时风险也大,比较适合风险偏好型的投资者。

实验项目四

证券组合的套期保值

一、实验目的

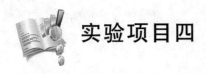

熟悉和使用证券软件等搜集数据。熟悉利用股指期货进行套期保值的原理和操作。

二、实验内容及要求

1. 计算最优合约数

在前面的实验中，大家已经建立起了各自的证券资产组合，并建立了资产组合的市场模型，计算出了资产组合的β系数。

应用下面的公式，计算为各自证券资产组合进行套期保值的最优合约数。

$$N=\beta\times P/A \tag{4-1}$$

其中，P 为要套期保值的资产价值，A 为一份股指期货合约的价值。沪深 300 股指期货合约的价值是指数的 300 倍。β 就是 CAPM 模型中的 β 系数。

2. 建立股指期货合约的空头头寸

根据计算的最优合约数，在模拟交易中，建立或调整股指期货合约的空单数量。

3. 合约的选择

按照教师指定的套期保值结束时间选择相应的合约和数量。指定的套期保值结束时间应该在课程结束前，一般可以指定在 1～2 个月后的实验课程的上课时间。

4. 实验结果要求

要求在实验报告中，报告套期保值结果，并对结果进行讨论。

三、实验背景与理论基础

1. 套期保值的理论及套期保值效果

对资产组合的非系统风险，我们可以通过资产组合的方式分散非系统风险。对于资产组合的系统风险，我们可以方便地使用金融衍生品进行对冲或者称套期保值。

在“期货与期权”这门课程中，已经对利用股指期货对现货证券资产进行套期保值的相关内容进行了学习（使用教材为约翰·C.赫尔（John C.Hull）的《期货与期权市场导论》）。当手中有现货证券资产的时候，为了防止未来证券价格下跌带来的损失，可以建立股指期货的空头合约进行套期保值。在主流的金融计量理论框架下，可以用 $N=\beta\times P/A$ 来计算最优的合约数量。

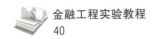

在理论上，使用 $\beta\times P/A$ 数量的空头股指期货合约可以使资产组合的系统风险降低到零，适当调整股指期货合约的数量和合约的方向，相当于灵活地调整资产组合的风险状况。

在套期保值结束的时候，盘点现货的损益和股指期货的损益，可以看出利用股指期货进行套期保值的效果。利用股指期货进行套期保值的效果，与使用商品期货对单一商品进行套期保值的情况相比，存在着较大的不确定性，其原因主要体现在以下几个方面：

首先，最优合约数量推导的理论基础是否与市场的实际情况相符。其次，所选资产组合与沪深 300 指数有多大的相关性。再次，交易成本问题。此外，股指期货到期时间与套期保值结束时间不一致，现货价格与期货价格产生的基差风险等也是引起套期保值效果差异的原因。

2. 股指期货合约到期月份的选择

所选择使用的股指期货合约的到期时间应该在指定的套期保值结束时间之后，并尽可能与套期保值结束时间接近。如果当前交易的股指期货合约到期时间未能包含套期保值结束的时间，应该先建立当前的股指期货空头合约，在该合约到期前平仓，再开新的股指期货合约，进行滚动套期保值。

四、实验操作要点指导

1. 计算最优合约数

应用公式计算为各自证券资产组合进行套期保值的最优合约数。

$$\boldsymbol{N=\beta\times P/A}$$

在实验一中，已经在模拟交易中建立了 6～8 只股票的现货组合，在本实验中，就是对手中的资产组合进行套期保值，因此，P 就是模拟交易账户中股票组合的市值。一份沪深 300 股指期货 IF 合约的价值是期货价格的 300 倍，沪深 300 股指期货 IF 合约的价格可以在模拟交易平台或证券交易软件中查看。资产组合的 β 系数在实验三中已经算出，在本实验中，使用实验三中得到的计算结果。

使用实验二中的行情软件查看股指期货行情时，可以在行情界面上，点击“扩展市场行情”，在下拉菜单中选择“股指期货”，就可以在出现的界面中查看股指期货以及国债期货的交易行情（见图 4—1）。

2. 建立股指期货合约的空头头寸

根据指定的套期保值结束时间，自行选择要交易的股指期货合约。根据计算的最优合约数，在“大智慧在线型金融模拟交易系统”中，建立合适的股指期货合约的空单（见图 4—2）。金融模拟交易账户的操作方法见实验一。

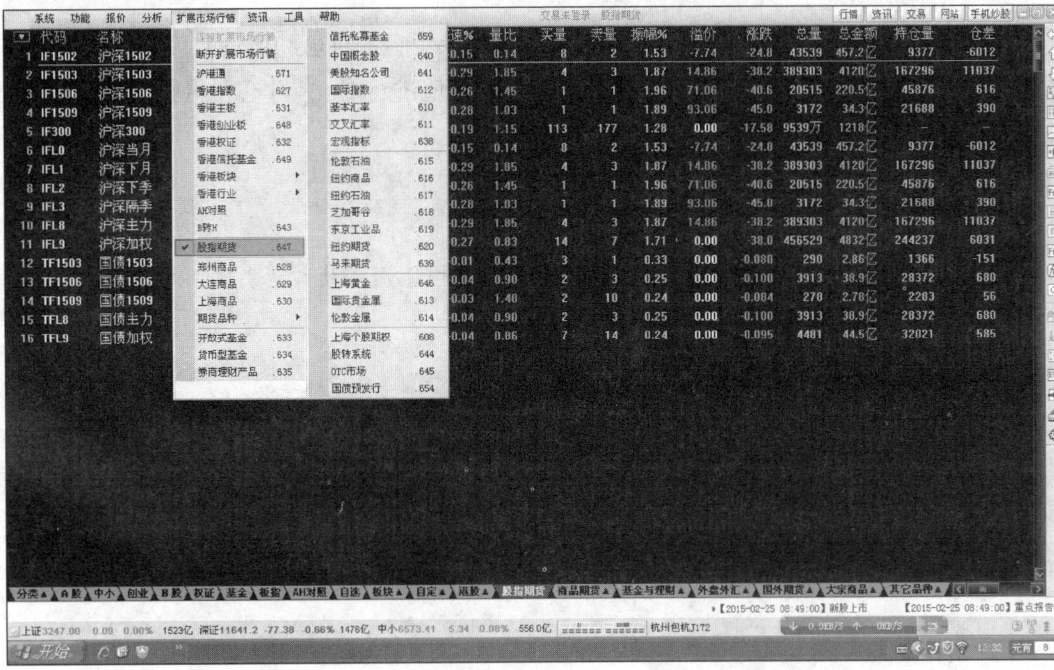

图 4—1　查看股指期货的交易行情

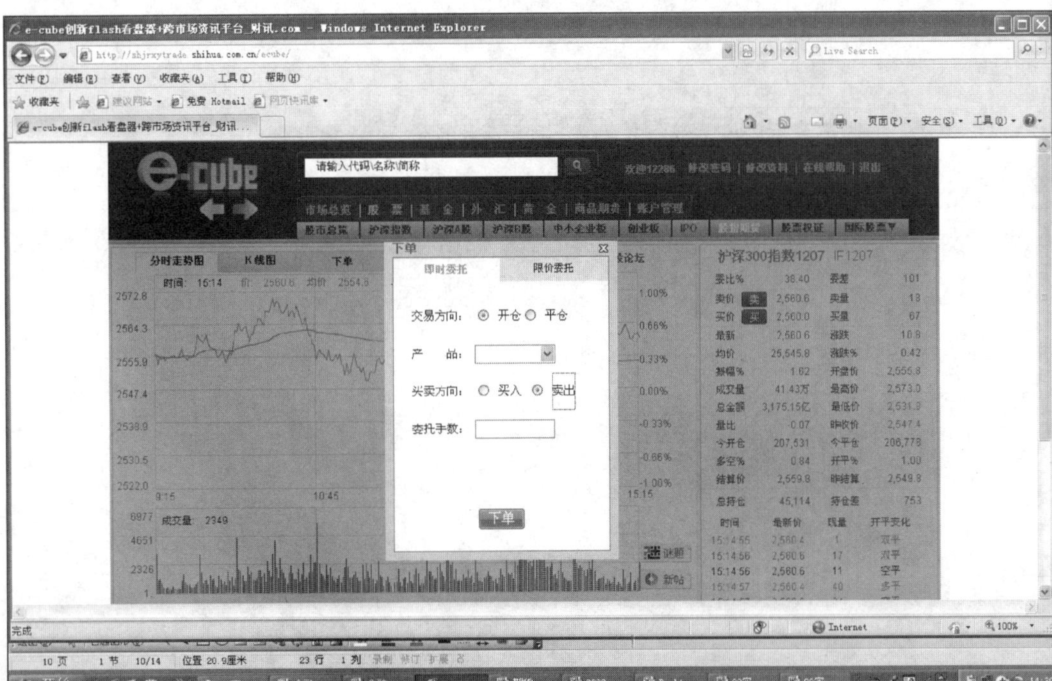

图 4—2　建立股指期货的空头合约

3. 套期保值结果

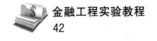

在指定的套期保值结束的时间，分别计算你的股票组合的价值和期货空头合约的价值，将二者之和与套期保值开始时刻你手中的股票组合的价值进行对比，讨论利用股指期货对股票现货进行套期保值的效果怎样。

五、总结与思考

你认为套期保值的结果怎样？原因是什么？是否可以进一步改进？

附:实验报告实例 4—1

金融工程专业实验报告(四)

实验名称＿＿＿＿＿＿＿证券组合的套期保值＿＿＿＿＿＿＿

实验日期＿＿＿年＿＿＿月＿＿＿日　　　　　　指导教师＿＿＿＿＿＿＿

专业班级＿＿＿＿＿＿＿＿姓名＿＿＿＿＿＿＿学号＿＿＿＿＿＿＿

一、实验目的

(该部分内容与前面内容雷同,故省略。)

二、实验内容及要求

(该部分内容与前面内容雷同,故省略。)

三、实验结果(可在后面附页)

变量说明:我们用 R1,R2,R3,R4,R5 分别表示上海建工(600170)、山东墨龙(002490)、山东如意(002193)、益民集团(600824)和豫园商城 (600655)。

沪深 300 指数对数收益率。资产组合由上述 5 只股票构成,各只股票的权重以所占市值为准,各自的贝塔值分别用$\beta1$,$\beta2$,$\beta3$,$\beta4$,$\beta5$ 表示,资产组合的贝塔值用β表示。此外,本次实验使用 Eviews 软件进行线性回归。

股票投资组合如下图所示:

证券代码	证券名称	数量	可用数量	成本价	现价
600170	上海建工	200000	2000	8.140	8.02
002490	山东墨龙	100000	100000	11.360	11.56
002193	山东如意	200000	200000	9.010	9.83
600824	益民集团	400000	0	4.570	4.51
600655	豫园商城	200000	0	8.390	8.30
共【5】条,从1到5条记录			第【 1/1】页		第一页 上一页 下一页

总市值＝200 000×8.02＋100 000×11.56＋200 000×9.83＋400 000×4.51
　　＋200 000×8.30
　＝8 190 000(元)

上海建工所占比例:200 000×8.02/8 190 000＝19.58％

山东墨龙所占比例:100 000×11.56/8 190 000＝14.12％

山东如意所占比例:200 000×9.83/8 190 000＝24％

益民集团所占比例:400 000×4.51/8 190 000＝22.03％

豫园商城所占比例:200 000×8.3/8 190 000＝20.27％

上海建工回归结果：

Equation: EQ01 Workfile: 金融工程实验4::U...

View | Proc | Object | Print | Name | Freeze | Estimate | Forecast | Stats | Resids

Dependent Variable: R1
Method: Least Squares
Date: 03/28/13 Time: 15:10
Sample (adjusted): 1 408
Included observations: 408 after adjustments

Variable	Coefficient	Std. Error	t-Statistic	Prob.
C(1)	0.000637	0.001012	0.629148	0.5296
R	1.032937	0.074342	13.89440	0.0000

R-squared	0.322265	Mean dependent var	8.19E-05
Adjusted R-squared	0.320596	S.D. dependent var	0.024788
S.E. of regression	0.020432	Akaike info criterion	-4.938539
Sum squared resid	0.169491	Schwarz criterion	-4.918876
Log likelihood	1009.462	Hannan-Quinn criter.	-4.930759
Durbin-Watson stat	1.864627		

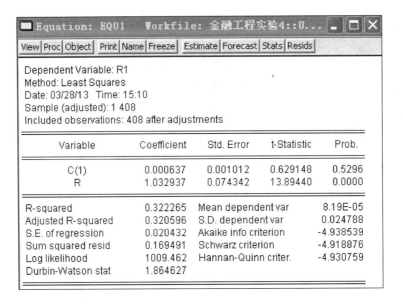

上海建工的贝塔值 $\beta 1=1.033$

山东墨龙回归结果：

Equation: EQ02 Workfile: 金融工程实验4::U...

View | Proc | Object | Print | Name | Freeze | Estimate | Forecast | Stats | Resids

Dependent Variable: R2
Method: Least Squares
Date: 03/28/13 Time: 15:10
Sample (adjusted): 1 408
Included observations: 408 after adjustments

Variable	Coefficient	Std. Error	t-Statistic	Prob.
C(2)	0.001574	0.001485	1.060304	0.2896
R	1.388788	0.109026	12.73815	0.0000

R-squared	0.285539	Mean dependent var	0.000828
Adjusted R-squared	0.283779	S.D. dependent var	0.035406
S.E. of regression	0.029964	Akaike info criterion	-4.172720
Sum squared resid	0.364535	Schwarz criterion	-4.153057
Log likelihood	853.2349	Hannan-Quinn criter.	-4.164939
Durbin-Watson stat	2.017383		

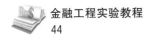

山东墨龙的贝塔值 $\beta 2=1.389$

山东如意回归结果：

Equation: EQ03　Workfile: 金融工程实验4::U...

View | Proc | Object | Print | Name | Freeze | Estimate | Forecast | Stats | Resids

Dependent Variable: R3
Method: Least Squares
Date: 03/28/13　Time: 15:11
Sample (adjusted): 1 407
Included observations: 407 after adjustments

Variable	Coefficient	Std. Error	t-Statistic	Prob.
C(3)	-0.000317	0.001108	-0.286517	0.7746
R	0.990699	0.081836	12.10594	0.0000

R-squared	0.265711	Mean dependent var	-0.000772
Adjusted R-squared	0.263898	S.D. dependent var	0.026036
S.E. of regression	0.022338	Akaike info criterion	-4.760151
Sum squared resid	0.202090	Schwarz criterion	-4.740452
Log likelihood	970.6908	Hannan-Quinn criter.	-4.752355
Durbin-Watson stat	1.650076		

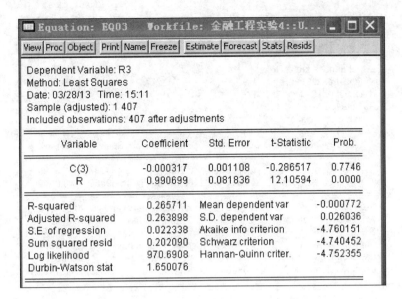

山东如意的贝塔值 $\beta3=0.991$

益民集团回归结果：

Equation: EQ04　Workfile: 金融工程实验4::U...

View | Proc | Object | Print | Name | Freeze | Estimate | Forecast | Stats | Resids

Dependent Variable: R4
Method: Least Squares
Date: 03/28/13　Time: 15:11
Sample (adjusted): 1 406
Included observations: 406 after adjustments

Variable	Coefficient	Std. Error	t-Statistic	Prob.
C(4)	-0.000331	0.000604	-0.548124	0.5839
R	0.965007	0.044552	21.66027	0.0000

R-squared	0.537317	Mean dependent var	-0.000782
Adjusted R-squared	0.536171	S.D. dependent var	0.017855
S.E. of regression	0.012160	Akaike info criterion	-5.976445
Sum squared resid	0.059736	Schwarz criterion	-5.956709
Log likelihood	1215.218	Hannan-Quinn criter.	-5.968634
Durbin-Watson stat	1.679465		

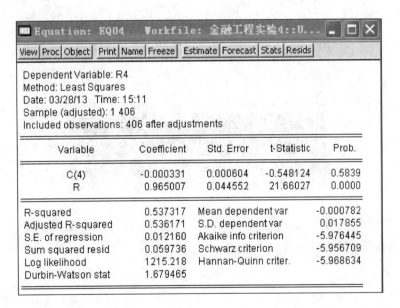

益民集团的贝塔值 $\beta4=0.965$

豫园商城回归结果：

Equation: EQ05 Workfile: 金融工程实验4::U...

View | Proc | Object | Print | Name | Freeze | Estimate | Forecast | Stats | Resids

Dependent Variable: R5
Method: Least Squares
Date: 03/28/13 Time: 15:11
Sample (adjusted): 1 405
Included observations: 405 after adjustments

Variable	Coefficient	Std. Error	t-Statistic	Prob.
C(5)	-0.000352	0.000727	-0.484237	0.6285
R	0.841542	0.053636	15.69000	0.0000

R-squared	0.379213	Mean dependent var	-0.000716
Adjusted R-squared	0.377673	S.D. dependent var	0.018532
S.E. of regression	0.014619	Akaike info criterion	-5.608038
Sum squared resid	0.086129	Schwarz criterion	-5.588266
Log likelihood	1137.628	Hannan-Quinn criter.	-5.600212
Durbin-Watson stat	1.884649		

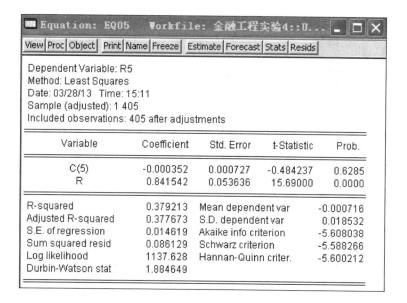

豫园商城的贝塔值 $\beta5=0.842$

故投资组合的贝塔值为：

$$\beta=1.033\times19.58\%+1.389\times14.12\%+0.991\times24\%+0.965\times22.03\%+0.842\times20.27\%=1.02$$

系统　功能　报价　分析　扩展市场行情　资讯

	代码	名称	涨幅%	现价
1	IF1304	沪深1304	-2.66	2506.8
2	IF1305	沪深1305	-2.73	2509.4
3	IF1306	沪深1306	-2.76	2505.6

此处以 2013 年 3 月 28 日的沪深 300 IF1305 合约来作为我的套期保值股指期货合约。故一份合约的价值为：2 509.4×300=752 820(元)。

所以我需要卖空的股指期货合约份数为：$N=1.02\times8\ 190\ 000/752\ 820=11.09\approx11$（份）。

市场总览 | 股　票 | 基　金 | 外　汇 | 黄　金 | 商品期货 | 账户管理

产品代码	产品名称	买/卖	持仓手数	可用手数	成本价	最新价	浮动盈亏
IF1305	沪深300指数 1305	卖	11	11	2,509.00	2,499.60	31,020.00

共【1】条,从1到1条记录　　第【 1/1】页　　第一页 上一页 下一页 最后页　　跳至

2013 年 4 月 26 日的股市收盘情况如下：

证券代码	证券名称	数量	可用数量	成本价	现价
600170	上海建工	200000	200000	8.140	7.57
002490	山东墨龙	100000	100000	11.360	10.36
002193	山东如意	200000	200000	9.010	8.61
600824	益民集团	400000	400000	4.570	4.41
600655	豫园商城	200000	200000	8.390	7.38

共【5】条,从1到5条记录　第【 1/1】页　第一页 上一页 下一页

按照前面的计算方法，总市值为：

总市值＝200 000×7.57＋100 000×10.36＋200 000×8.61＋400 000×4.41
＋200 000×7.38
＝7 512 000(元)

而 3 月 28 日的总市值为 8 190 000 元，故股票市场亏损了 678 000 元(8 190 000－7 512 000)。

在股指期货市场上：

产品代码	产品名称	买/卖	持仓手数	可用手数	成本价	最新价	浮动盈亏
IF1305	沪深300指数 1305	卖	11	11	2,444.20	2,444.20	0.00

共【1】条,从1到1条记录　第【 1/1】页　第一页 上一页 下一页 最后页　跳至

股票指数从原来的 2 509 跌到 2 444.2，跌了 64.8，故赚了 213 840 元(64.8×11×300)。

综上，总亏损为 464 160 元(678 000－213 840)。

四、总结与思考

你认为套期保值的结果怎样？原因是什么？是否可以进一步改进？

答：从上面的实验结果可知，此次套期保值的效果并没有达到完美的状态，但相对于不做套期保值来说，还是很有意义的。因为若不做套期保值，则亏损 678 000 元，但做套期保值后，亏损减少到 464 160 元，前提是没有考虑到交易费用，这是一大缺点。之所以出现不完美套期保值的原因有：

(1)基差风险，是指特定时刻需要进行套期保值的现货价格与用以进行套期保值的期货价格之差，用公式可以表示为 $b=H-G$(b 是特定时刻的基差，H 是需要进行套期保值的现货价格，G 是用以进行套期保值的期货价格)。基差的不确定性就被称为基差风险。

(2)数量风险，是指投资者事先无法确知需要套期保值的标的资产规模或期货合约的标准数量规定无法完全对冲现货的价格风险。但在此次实验中明显不存在数量风险。

(3)其他不确定性原因。完美的套期保值只是理论上存在，在现实中存在太多不确定性因素，股市受各种因素的影响，走势毫无规律可循。

附:实验报告实例 4－2

金融工程专业实验报告(四)

实验名称＿＿＿＿＿＿＿＿证券组合的套期保值＿＿＿＿＿＿＿＿

实验日期＿＿＿年＿＿＿月＿＿＿日　　　　指导教师＿＿＿＿＿＿＿＿

专业班级＿＿＿＿＿＿＿＿姓名＿＿＿＿＿＿＿＿学号＿＿＿＿＿＿＿＿

一、实验目的

(该部分内容与前面内容雷同,故省略。)

二、实验内容及要求

(该部分内容与前面内容雷同,故省略。)

三、实验结果(可在后面附页)

在 2012 年 2 月 27 日开仓买入五只股票,因为其中一只股票大禹节水赚了一些,担心以后会跌就平仓了,因此重新调整一下组合的 β 系数:

中国石化 $\beta=0.10803$

歌华有线 $\beta=1.128917$

苏宁电器 $\beta=0.898096$

德美化工 $\beta=1.246056$

投入资金及权重:272 780

中国石化:¥7 680	1 000 股	2.82%
歌华有线:¥85 500	10 000 股	1.34%
苏宁电器:¥88 500	10 000 股	32.44%
德美化工:¥91 100	10 000 股	33.40%

$$\begin{aligned}\text{资产组合的 }\beta\text{ 系数} &= 2.82\%\times0.10803+31.34\%\times1.128917+32.44\%\times0.898096+\\ &\quad 33.40\%\times1.246056\\ &=1.064374\end{aligned}$$

目前先买入 IF1203 合约,因为 IF1206 合约距离到期日较远,期货价格与现货价格不一定趋于一致,会导致套期保值失败,因此选择滚动套期保值策略。

$\beta=1.064374$

$P=272\ 780$

$A=2\ 660.8$(2012 年 3 月 13 日上午 10 时 28 分的 IF1203 指数)

$N=\beta\times P/A\approx1$(手)

由于 2012 年 4 月 30 日是法定节假日,因此使用 2012 年 4 月 27 日的结算价来计算套期保值的效果。

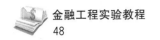

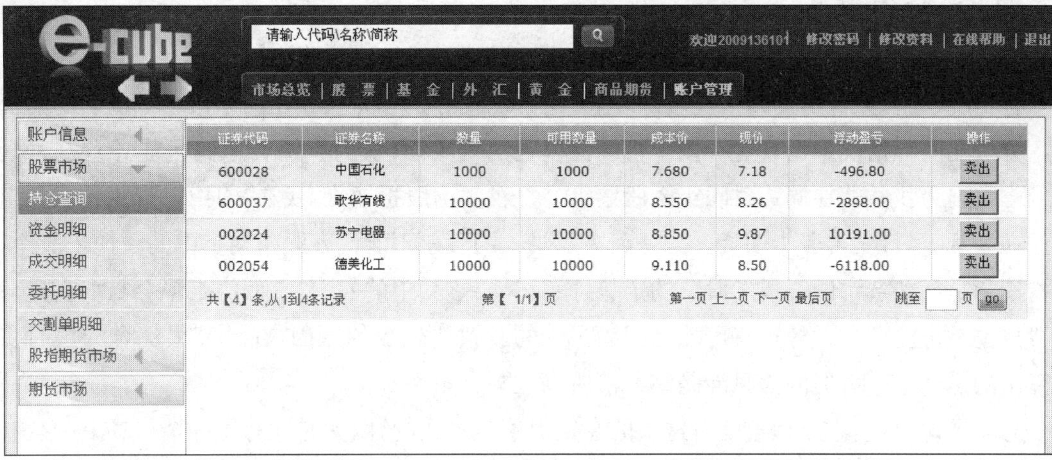

从上图可以看出,截至 2012 年 4 月 27 日,四只股票的结算价分别为 7.18,8.26,9.87,8.50。根据浮动盈亏一栏可以看出中国石化 1 000 股亏了 496.80 元,歌华有线 10 000 股亏了 2 898.00 元,苏宁电器 10 000 股盈利了 10 191.00 元,德美化工 10 000 股亏了 6 118.00 元。这四只股票构成的资产组合从 2012 年 2 月 27 日至 2012 年 4 月 27 日总盈利 678.2 元。由于时间差异,最终根据前面所计算出的用来套期保值的股指期货来计算在股指期货市场的盈亏。

单位:元

日期	盈利	日期	盈利	日期	盈利
2012—3—13	—4 800	2012—3—28	21 120	2012—4—17	9 000
2012—3—14	—6 900	2012—3—29	8 700	2012—4—18	—15 540
2012—3—15	30 960	2012—3—30	2 460	2012—4—19	2 203.64
2012—3—16	—5 385	2012—4—5	—16 260	2012—4—20	—547.92
2012—3—19	—285	2012—4—6	—135	2012—4—23	—5 640
2012—3—20	7 980	2012—4—9	3 480	2012—4—24	—1 422.82
2012—3—21	840	2012—4—10	—2 400	2012—4—25	—7 440
2012—3—22	1 527.50	2012—4—11	—1 920	2012—4—26	—3 900
2012—3—23	8 400	2012—4—12	—9 374.85	2012—4—27	540
2012—3—26	1 692	2012—4—13	867.81	合计	17 474.73
2012—3—27	—600	2012—4—16	254.37		

从上述表格中可以看出,在套期保值的一段时间内,股票市场和股指期货市场上都是盈利的。这种情况与套期保值的原理不同。套期保值是用一个市场的盈利来抵消另一个市场的亏损,而在实际操作的过程中出现了两个市场都盈利的现象,在股票市场中盈利 678.2 元,在股指期货市场中盈利 17 474.73 元。

四、总结与思考

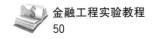

你认为套期保值的结果怎样？原因是什么？是否可以进一步改进？

答:我认为套期保值的结果比较好,当然这个比较好是建立在我在两个市场都盈利的前提下。分析在实际情况中出现这种两个市场都盈利的现象,我认为有两种原因可能导致这种现象。一是因为我并非在同一时间买入股票组合并且卖出股指期货,我在 2 月 27 日买入股票组合而在 3 月 13 日卖出股指期货。二是因为我买入的股票不能代表股指期货中的一揽子股票,股指期货是反映选中的一揽子股票的走势,而我只买了其中的四只,它们的走势会与大盘走势相背离也是可能的。此外也有可能是因为买入的股票比较少的原因,在计算最优合约数时实际算出的是 0.36 手,但因为只能是整数倍所以才买了 1 手。

总体来说,从基本原理角度看这次的套期保值是失败的,因为并没有用一个市场上的盈利弥补另一个市场的亏损,但从盈利角度来看是成功的,毕竟都盈利了。

实验项目五

股票资产组合的有效边界的确定

一、实验目的

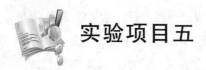

通过所学理论以及资料查阅，理解和掌握股票资产组合的有效边界的理论，通过计算，确定所选择的股票组合的有效边界。

二、实验内容及要求

在前面的实验中，在模拟交易账户中，已经建立了自己的股票组合，本次实验中，尝试进行最优股票组合有效边界的计算。

在本次实验中，要求大家查阅资产组合理论和有关资料，自行计算并确定最优资产组合的有效边界。

实验结果要求：在实验报告中，报告你的资产组合，以及计算有效边界的过程和结果，并进行总结和讨论。

三、实验背景与理论基础

本实验是一次综合性实验，目的是锻炼和考查学生认识金融问题、分析问题和解决问题的能力，利用已经学过的知识去解决实际问题。在实验指导中，教师进行一般性的提示，学生自己选择采用的计算方法。

1. 资产组合理论和风险资产组合投资的有效边界

在理论课程中，我们已经学习了现代资产组合理论，利用资产组合来分散证券投资的非系统风险。在资产组合理论中，关键是找到风险资产组合的有效边界，然后通过投资者的无差异曲线和资产组合的有效边界相切，找到切点即最优的资产组合。所以，在资产组合理论中，关键是找到风险资产的有效边界，进而可以找到无风险资产和风险资产组合的有效边界，最终确定个人的最优资产组合。

要想获得最优的资产配置，关键问题是找到风险资产组合的有效边界。本实验中，只要找出最优的风险资产组合有效边界，就可认为解决了本次实验的问题。关于最优资产组合有效边界的理论大家可以参看"投资学"教程中的相关内容。

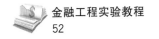

投资学中的资产组合理论使用资产组合的收益率均值代表收益，资产组合的方差代表风险。最优的投资组合可以理解为，在资产组合的预期收益一定的情况下，寻找最小方差（风险）的资产组合；或者在方差（风险）一定的情况下，寻找最高预期收益的资产组合。本次实验使用的理论公式如下：

$$\mathrm{Min}\sigma_p^2 = \sum_{i=1}^{n}\sum_{j=1}^{n}\omega_i\omega_j\mathrm{cov}(r_i,r_j)$$

$$\text{s. t.}\begin{cases}\omega_i \geqslant 0 \\ E(R_{组合}) = \sum_{i=1}^{n}\omega_i E(R_i) = R_0 \\ \sum_{i=1}^{n}\omega_i = 1\end{cases} \qquad (5-1)$$

在公式(5－1)中，给定了三个约束条件：

$\omega_i \geqslant 0$，意味着组合中各股票权重不能为负，也就是不能卖空；

$E(R_{组合}) = \sum_{i=1}^{n}\omega_i E(R_i) = R_0$，表示指定资产组合的收益率，资产组合的收益率是各组成股票的加权平均，权重为投资资金的比重；

$\sum_{i=1}^{n}\omega_i = 1$，表示组合中各股票的权重之和为1。

$\mathrm{Min}\sigma_p^2 = \sum_{i=1}^{n}\sum_{j=1}^{n}\omega_i\omega_j\mathrm{cov}(r_i,r_j)$，代表使得股票组合的风险最小化的优化目标函数。

本次实验中，资产组合的目标就是在给定的三个约束条件下，找出使得资产组合的方差（风险）最小的资产配置方案，也就是求出最优的各股票投资权重 w_i。

2. 计算有效边界的方法

公式(5－1)是一个二次规划问题，要得到不同收益率下的最优资产配置（最优的 w_i），必须求解该二次规划问题。"投资学"课程里面给出了一些用 Excel 软件解决该问题的方法，大家可以参考。解决二次规划问题的原理和方法，在本科阶段的金融类专业数学课程中还没有涉及，一般在研究生课程中才会讲解。在这里，我们可以使用一些计算软件中的函数来解决这个问题。

比如，Matlab 软件中有一些现成的函数可以解决该问题。在本次实验中，大家可以使用 Matlab 软件的函数，也可以使用其他软件解决该问题。使用相关函数的时候，函数中参数的意义以及如何使用，需要大家去查找 Matlab 软件应用的有关资料，并且反复对程序调试，来熟悉和掌握函数的使用。

(1)quadprog 函数

Matlab 软件中的 quadprog 函数可以解决二次规划问题。在应用该函数的时候，需要把相应的二次规划问题，写成 quadprog 函数需要的形式。

将公式(5－1)写成的 quadprog 函数求解的表现形式为：

$$\mathrm{Min}\ \frac{1}{2}X^{T}Hx+f^{t}x \tag{5-2}$$

$$Ax\leqslant b$$

$$Aeg\times x=Beg$$

$$lb\leqslant x\leqslant ub$$

其中:H 为二次型矩阵;A,Aeg 分别为不等式约束与等式约束系数矩阵;而 f,b,beg,lb,ub,x 为向量。

接下来,求解二次规划问题函数 quadprog,只需将各参数的矩阵或向量代入这个函数中。二次型矩阵 H 就是各股票收益率的协方差矩阵。

(2)frontcon 函数

也可以直接用 Matlab 软件中的 frontcon 函数,计算资产组合有效前沿。函数语法为:

[PortRisk, PortReturn, PortWts] = frontcon(ExpReturn, ExpCovariance, Numports, PortReturn, AssetBounds, Groups, GroupBounds, varargin)

输入变量:

ExpReturn 表示资产组合中的每项期望回报;

ExpCovariance 表示资产的协方差矩阵;

Numports 表示可选,资产有效前沿上的点的个数,默认为 10 个样本点,决定输出参数维数,在最大收益和最小风险之间等隔划分;

PortReturn 表示可选,资产有效前沿上的资产组合的回报,同 Numport 关联的变量;

AssetBounds 表示可选,单向资产的权重约束,2 列,第一列权重的下边界,第二列权重的上边界;

Groups 表示可选,分组条件;

GroupBounds 表示可选,组约束条件;

Varargin 表示可选,自选参数。

输出变量:

PortRisk 表示资产组合的标准差;

PortReturn 表示资产组合收益;

PortWt 表示资产组合权重。

备注:frontcon 函数中,可以只使用前三个参数,如需画图,可以调用画图函数 Plot。Plot 函数的使用方法为:Plot(PortRisk,PortReturn,'r+ —')。

即可得资产组合边界图,front 条件下不允许卖空。

四、实验操作要点指导

1. 收集金融品种的交易数据

如何收集交易数据,参见实验二的实验操作要点指导部分。在实验一中,大家已经建立了自己的股票组合,因此可以尽量收集自己的资产组合中的股票交易数据。

由于在本实验中,需要计算资产组合中各股票两两之间的相关系数和协方差,所以在收集数据过程中仍要注意两点。

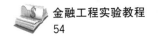

首先,个股数据应该"复权"处理。应在收集数据的时候先"复权"处理,然后再进行数据收集。在交易软件上点右键,选择"复权处理"实现数据的复权。

此外,应注意两两股票的价格数据应在时间上一一对应。由于个股存在停牌等情况,可能会出现个股的交易数据不能完全一一对应的情况。针对这种情况,简单的处理办法是对个股的由于停牌等原因出现的缺少的交易数据,采用线性插值的方法补全。

复权处理以及如何补全缺少的交易价格数据,参见实验三的实验指导内容。

2. 使用 Excel 软件进行统计检验

这一步骤的目的是计算各股票的预期收益率和标准差。

将收集到的个股的收盘价交易数据转换为对数收益率数据,公式为 $R_i = \text{Ln}(P_i / P_{i-1})$,其中,$P_i$ 为第 i 天或第 i 周的收盘价。利用收盘价数据就可以通过 Excel 软件计算出收益率的时间序列数据。然后,就可以在 Excel 软件中,进行统计分析。这里以 Excel 2003 为例,具体路径为:点击上部菜单的"工具"——"数据分析"——"描述统计",即可对指定数据序列进行统计分析(见图 5—1)。当然,统计分析也可以使用其他的统计软件,如 Eviews 等软件。

如果在"工具"按钮的下拉菜单中找不到"数据分析"等选项,可以在该菜单选项中选择"加载宏",进一步选择"分析工具库"进行加载。加载宏后就可以找到数据分析工具。

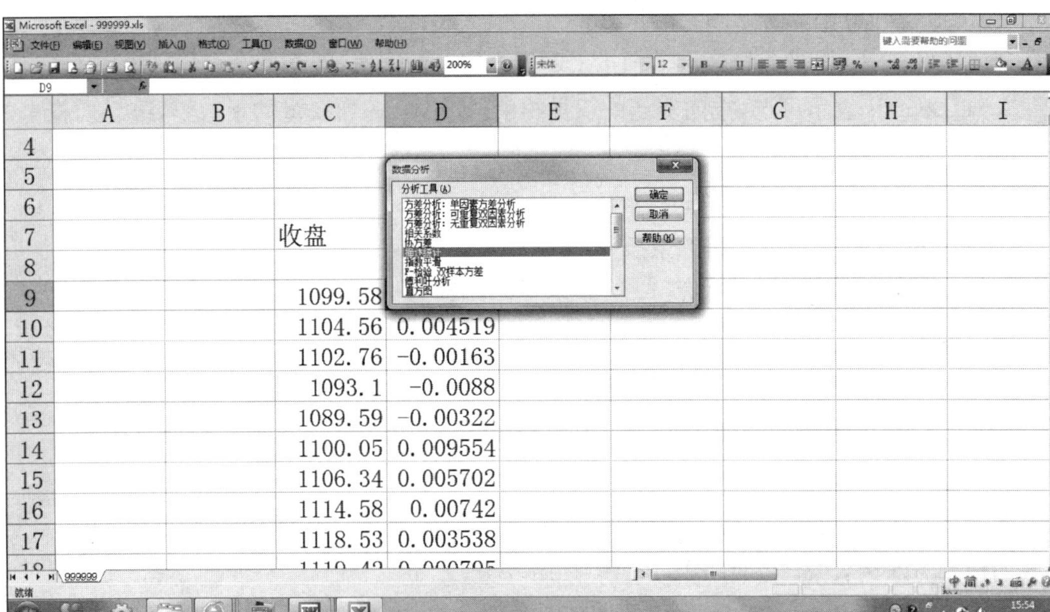

图 5—1　对收益率时间序列数据进行统计分析

3. 计算各股票间的相关系数

得到了资产组合中各股票的收益率时间序列后,可以计算各股票收益率的相关系数,目的是得到资产组合的协方差矩阵,然后代入 Matlab 相关函数中进行优化计算。

在 Excel 软件中,可以用统计函数中的 CORREL 函数计算两时间序列间的相关系数。

例如，假设的两组数据为：A1：A10 和 B1：B10，在 C1 输入公式＝CORREL(A1：A10，B1：B10)，按回车键后相关系数就可以计算出来。

也可以通过 Excel 菜单的“工具”——“数据分析”——“相关系数”，对指定区域的各时间序列计算两两之间的相关系数（见图 5－2）。当然，也可以使用其他的统计软件，如 Eviews、Matlab 软件中都有相应的函数计算相关系数。

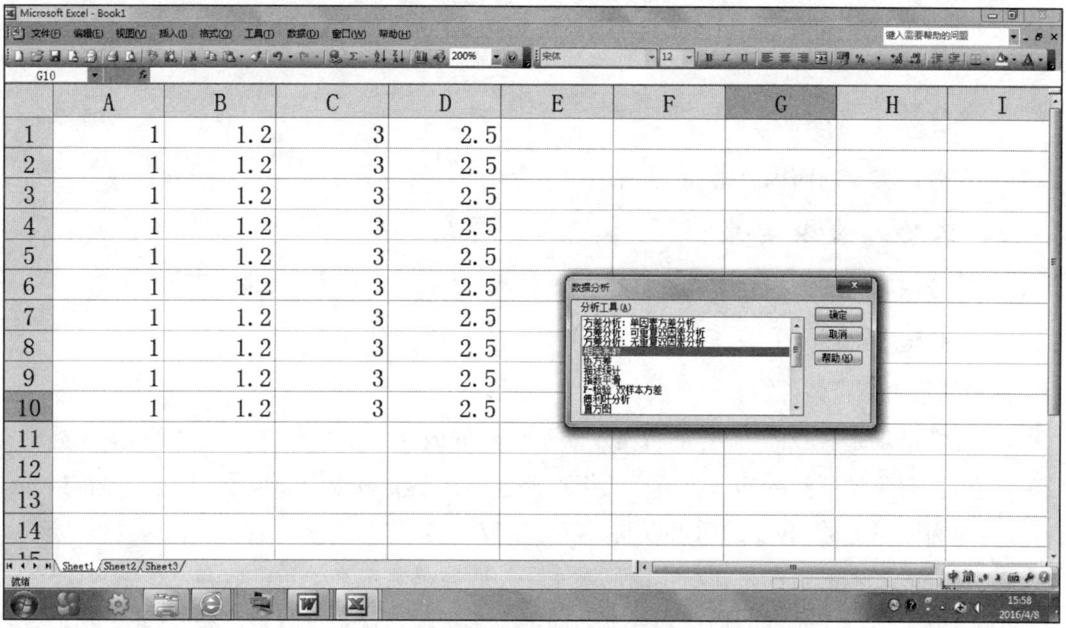

图 5－2　计算各股收益率时间序列的相关系数

4. 进行优化计算

在计算出各股收益率的统计指标和两两股票间的相关系数后，就可以编写 Matlab 程序进行优化计算。在计算中按照 Matlab 函数需要的形式进行赋值，就可以得到优化计算的结果。计算程序的编写可以参考本实验后所附的实验报告。

Matlab 程序的编写需要参考其他的相关资料，程序运行中可能会出现各种错误，需要耐心进行程序的调试。

五、总结与思考

根据实验过程和实验结果，对实验中遇到的问题和实验取得的收获进行总结。

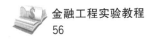

附:实验报告实例 5-1

金融工程专业实验报告(五)

实验名称＿＿＿＿股票资产组合的有效边界的确定＿＿＿＿

实验日期＿＿年＿＿月＿＿日　　指导教师＿＿＿＿

专业班级＿＿＿＿姓名＿＿＿＿学号＿＿＿＿

一、实验目的

(该部分内容与前面内容雷同,故省略。)

二、实验内容及要求

(该部分内容与前面内容雷同,故省略。)

三、实验结果(可在后面附页)

模型的基本假设条件有:

(1)证券市场是有效的,证券的价格反映了证券的内在经济价值,每个投资者都掌握了充分的信息,了解每种证券的期望收益率及标准差。不存在交易费用和税收,投资者是价格接受者,证券是无限可分的,必要的话可以购买部分股权。

(2)证券投资者的目标是在给定的风险水平上收益最大或在给定的收益水平上风险最低。

(3)投资者将基于收益的均值和标准差或方差来选择最优资产投资组合,如果要他们选择风险(方差)较高的方案,他们都要求有额外的收益作为补偿。

(4)投资者追求财富期望效用的极大化,投资者具有单周期视野,不允许买空与卖空。马柯维茨证券组合理论认为,投资者进行决策时总希望以尽可能小的风险获得尽可能大的收益,或在收益率一定的情况下,尽可能降低风险,即研究在满足预期收益率一定的情况下,使其风险最小;或在满足既定风险一定的情况下,使其收益最大。

为了使实验变得简单易行,这里选择上次实验中的四只股票(上海建工、山东墨龙、山东如意、益民集团)来分析。

根据现代资产组合理论,首先计算出构建的资产组合的各类指标。

依据从 2011 年 7 月 6 日至 2013 年 3 月 28 日的股票收盘价,计算每天收益率的均值,为期望收益率:

上海建工(600170):$E(r1)=0.0000819$

山东墨龙(002490):$E(r2)=0.000828$

山东如意(002193):$E(r3)=-0.000812$

益民集团(600824):$E(r4)=-0.000832$

依据每只股票的收益率序列,利用 Eviews 软件分别计算股票的协方差和相关系数:

Group: GROUP01　Workfile: 金融工程实验5::Unt...

View | Proc | Object | Print | Name | Freeze | Sample | Sheet | Stats | Spec

	R1	R2	R3	R4
Mean	8.19E-05	0.000828	-0.000812	-0.000832
Median	0.000000	0.001563	0.000811	0.000000
Maximum	0.094708	0.095391	0.094436	0.083533
Minimum	-0.101962	-0.105269	-0.093322	-0.061280
Std. Dev.	0.024788	0.035406	0.026017	0.017856
Skewness	0.349925	0.316975	-0.012586	0.119740
Kurtosis	6.103362	3.738033	5.023024	4.945546
Jarque-Bera	172.0510	16.09195	69.58539	65.32248
Probability	0.000000	0.000320	0.000000	0.000000
Sum	0.033419	0.337806	-0.331124	-0.339276
Sum Sq. Dev.	0.250085	0.510223	0.275481	0.129761
Observations	408	408	408	408

Table: TABLE02　Workfile: 金融工程实验5::Untitled\

View | Proc | Object | Print | Name | Edit+/- | CellFmt | Grid+/- | Title | Comments+/-

Covariance Analysis: Ordinary
Date: 04/10/13 Time: 19:20
Sample (adjusted): 1 408
Included observations: 408 after adjustments
Balanced sample (listwise missing value deletion)

Covariance Correlation	R1	R2	R3	R4
R1	0.000613 1.000000			
R2	0.000338 0.386016	0.001251 1.000000		
R3	0.000225 0.349353	0.000363 0.395285	0.000675 1.000000	
R4	0.000214 0.484730	0.000302 0.479501	0.000222 0.478827	0.000318 1.000000

各股票分别用英文字母 a,b,c,d 表示：

上海建工：a　山东墨龙：b　山东如意：c　益民集团：d

$Cov(r_a, r_b) = 0.000338$

$Cov(r_a, r_c) = 0.000225$

$Cov(r_a, r_d) = 0.000214$

$Cov(r_b, r_c) = 0.000363$

$Cov(r_b, r_d) = 0.000302$

$Cov(r_c, r_d) = 0.000222$

$Cov(r_a, r_a) = \sigma_a^2 = 0.000613$

$Cov(r_b, r_b)=\sigma_b^2=0.001251$

$Cov(r_c, r_c)=\sigma_c^2=0.000675$

$Cov(r_d, r_d)=\sigma_d^2=0.000318$

设上述四只股票在投资组合中的权重分别为 w_a, w_b, w_c, w_d，根据现代投资组合理论，投资组合的期望收益率 r_p 为：

$$r_p = w_a r_a + w_b r_b + w_c r_c + w_d r_d$$

投资组合的方差 σ_p^2 为：

$$\sigma_p^2 = (w_a\sigma_a)^2+(w_b\sigma_b)^2+(w_c\sigma_c)^2+(w_d\sigma_d)^2+2w_aw_bCov(r_a,r_b)+2w_aw_cCov(r_a,r_c)$$
$$+2w_aw_dCov(r_a,r_d)+2w_bw_cCov(r_b,r_c)+2w_bw_dCov(r_b,r_d)+2w_cw_dCov(r_c,r_d)$$

假定预期的组合收益率为上述四只股票的期望收益的均值，即为 $\frac{0.0000819+0.000828-0.000812-0.000832}{4}=-0.000183525$，则可以利用 Matlab 求出对应的权重。首先把 σ_p^2 化为二次规划的一般形式：

$$\sigma_p^2=\frac{1}{2}\times(w_a\ w_b\ w_c\ w_d)\begin{pmatrix}2Cov(r_a,r_a) & 2Cov(r_a,r_b) & 2Cov(r_a,r_c) & 2Cov(r_a,r_d)\\ 2Cov(r_b,r_a) & 2Cov(r_b,r_b) & 2Cov(r_b,r_c) & 2Cov(r_b,r_d)\\ 2Cov(r_c,r_a) & 2Cov(r_c,r_b) & 2Cov(r_c,r_c) & 2Cov(r_c,r_d)\\ 2Cov(r_d,r_a) & 2Cov(r_d,r_b) & 2Cov(r_d,r_c) & 2Cov(r_d,r_d)\end{pmatrix}\begin{pmatrix}w_a\\ w_b\\ w_c\\ w_d\end{pmatrix}$$

约束条件：$w_ar_a+w_br_b+w_cr_c+w_dr_d=-0.000183525$

$w_a+w_b+w_c+w_d=1$

$w_a>0, w_b>0, w_c>0, w_d>0$

再使用 Matlab 软件进行如下程序编写：

```
>> H=[0.001226 0.000676 0.000450 0.000428;
0.000676   0.002502   0.000726   0.000604;
0.000450   0.000726   0.001350   0.000444;
0.000428   0.000604   0.000444   0.000636];
f=[ ];
A=[];b=[];
Aeq=[0.0000819   0.000828   -0.000812   -0.000832;1 1 1 1 ];
beq=[-0.000183525;1];
lb=zeros(4 ,1);
[x,fval,exitflag]=quadprog(H,f,Aeq,beq,[],[],lb)
```

运行结果为：

```
Warning: Large-scale method does not currently solve this problem formulation,
switching to medium-scale method.
> In quadprog at 236
Optimization terminated.
```

```
x=
  -0.0000
        0
   0.0358
   0.1857
fval=
  1.4775e-005
exitflag =
   1
```

从运行结果可知，在我们设定目标期望收益率为－0.000183525 时，$w_a=0$，$w_b=0$，$w_c=0.0358$，$w_d=0.1857$，此时最小方差为 1.4775e－005。

接下来，借助 Lingo 软件来求最优投资组合 P：

假设：市场无风险利率为 3.25%（一年期定期存款利率），转换为日收益率为：

$r_f=(1+3.25\%)$^$(1/365)-1=0.0000876$

原理：最优投资组合就是在给定市场无风险利率时，使得公式$\frac{E(r_p)-r_f}{\sigma_p}$（即夏普比率）最大的投资组合，故可借助 Lingo 软件的非线性规划计算方法来求最优投资组合。

程序代码如下：

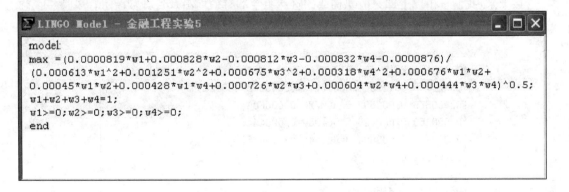

```
LINGO Model - 金融工程实验5
model:
max =(0.0000819*w1+0.000828*w2-0.000812*w3-0.000832*w4-0.0000876)/
(0.000613*w1^2+0.001251*w2^2+0.000675*w3^2+0.000318*w4^2+0.000676*w1*w2+
0.00045*w1*w2+0.000428*w1*w4+0.000726*w2*w3+0.000604*w2*w4+0.000444*w3*w4)^0.5;
w1+w2+w3+w4=1;
w1>=0;w2>=0;w3>=0;w4>=0;
end
```

运行结果如下：

```
Solution Report - 金融工程实验5
   Local optimal solution found.
   Objective value:                              0.2093330E-01
   Infeasibilities:                              0.2220446E-15
   Extended solver steps:                                    5
   Total solver iterations:                                 26


                       Variable           Value        Reduced Cost
                             W1        0.000000            0.000000
                             W2        1.000000            0.000000
                             W3        0.000000            0.000000
                             W4        0.000000            0.000000

                            Row    Slack or Surplus      Dual Price
                              1       0.2093330E-01        1.000000
                              2        0.000000         0.2476712E-02
                              3        0.000000        -0.9581979E-02
                              4        1.000000          0.000000
                              5        0.000000        -0.3150853E-01
                              6        0.000000        -0.3105326E-01
```

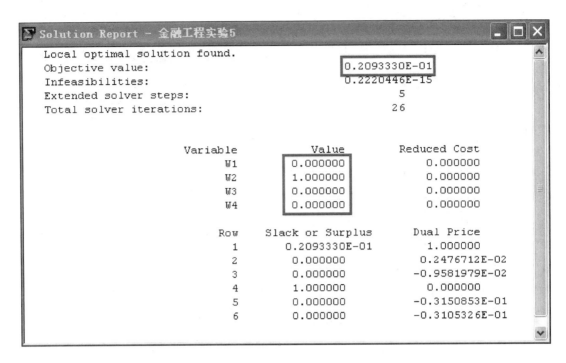

从运行结果可知:最优投资组合 P 的夏普比率最大值为 0.0209333,$w1=0$,$w2=1$,$w3=0$,$w4=0$,即最优投资组合 P 就是将全部资金投资于山东墨龙股票。

接下来,我们求由以上四只股票构成的资产组合的有效前沿及各种资产组合风险与收益。

程序代码如下:

```
>> Returns=[0.0000819 0.000828 -0.000812 -0.000832];
covar=[0.001226 0.000676 0.000450 0.000428;
0.000676 0.002502 0.000726 0.000604;
0.000450 0.000726 0.001350 0.000444;
0.000428 0.000604 0.000444 0.000636];
portopt(Returns,covar,50)
rand('state',0);
weights=rand(500,4);
total=sum(weights,2);
weights(:,1)=weights(:,1)./total;
weights(:,2)=weights(:,2)./total;
weights(:,3)=weights(:,3)./total;
weights(:,4)=weights(:,4)./total;
[portrisk,portreturn]=portstats(Returns,covar,weights);
hold on
plot(portrisk,portreturn,'.r')
title('均值—方差有效前沿以及各个资产组合风险与收益')
xlabel('风险(标准差)')
ylabel('期望收益率')
```

运行结果如下：

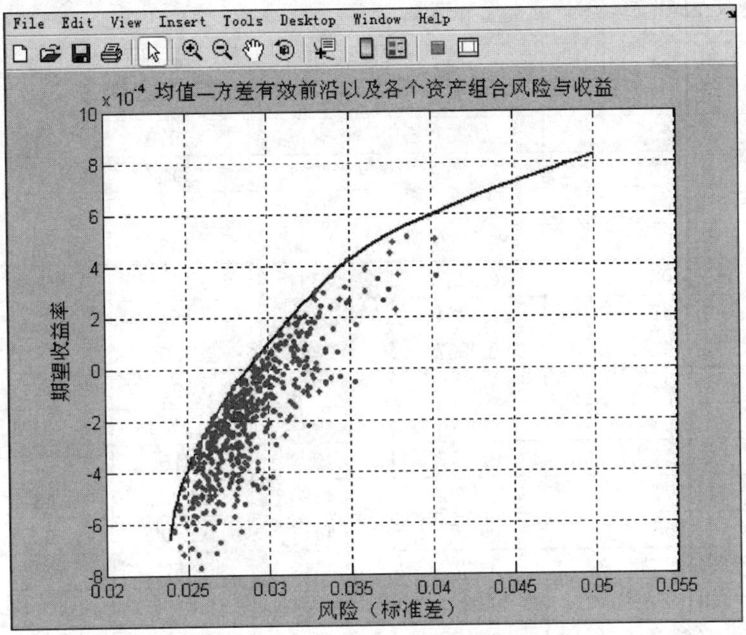

其中生成50个有效前沿的资产组合的期望收益，组合标准差和组合权重由以下程序求得：

```
>> Returns=[0.0000819  0.000828  -0.000812  -0.000832];
covar=[0.001226  0.000676  0.000450  0.000428;
0.000676  0.002502  0.000726  0.000604;
0.000450  0.000726  0.001350  0.000444;
0.000428  0.000604  0.000444  0.000636];
>> Numports=50;
>> [portrisk,portreturn,portwts]=frontcon(Returns,covar,Numports)
```

运行结果如下：

为了简洁页面布局，这里不再将结果全部显示，而是将它们一起用表格表示如下：

最优证券资产组合的确定方案

序号	组合期望收益(单位:0.001)	组合标准差	资产组合权重			
			w_a	w_b	w_c	w_d
1	−0.6675	0.0239	0.1769	0.0000	0.1404	0.6827
2	−0.637	0.0239	0.2104	0	0.1345	0.6551
3	−0.6065	0.024	0.2262	0.0098	0.1290	0.6350
4	−0.576	0.0241	0.2377	0.0219	0.1235	0.6169
5	−0.5454	0.0242	0.2491	0.0341	0.1181	0.5987
6	−0.5149	0.0243	0.2605	0.0462	0.1127	0.5806
7	−0.4844	0.0244	0.2719	0.0584	0.1073	0.5624
8	−0.4539	0.0246	0.2834	0.0705	0.1018	0.5443

续表

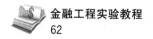

序号	组合期望收益(单位:0.001)	组合标准差	资产组合权重			
			w_a	w_b	w_c	w_d
9	-0.4234	0.0248	0.2948	0.0827	0.0964	0.5261
10	-0.3928	0.0249	0.3062	0.0949	0.0910	0.5079
11	-0.3623	0.0251	0.3177	0.1070	0.0855	0.4898
12	-0.3318	0.0254	0.3291	0.1192	0.0801	0.4716
13	-0.3013	0.0256	0.3405	0.1313	0.0747	0.4535
14	-0.2708	0.0259	0.3520	0.1435	0.0692	0.4353
15	-0.2402	0.0261	0.3634	0.1556	0.0638	0.4171
16	-0.2097	0.0264	0.3748	0.1678	0.0584	0.3990
17	-0.1792	0.0267	0.3863	0.1800	0.0529	0.3808
18	-0.1487	0.027	0.3977	0.1921	0.0475	0.3627
19	-0.1181	0.0273	0.4091	0.2043	0.0421	0.3445
20	-0.0876	0.0277	0.4206	0.2164	0.0367	0.3264
21	-0.0571	0.028	0.4320	0.2286	0.0312	0.3082
22	-0.0266	0.0284	0.4434	0.2408	0.0258	0.2900
23	0.0039	0.0287	0.4549	0.2529	0.0204	0.2719
24	0.0345	0.0291	0.4663	0.2651	0.0149	0.2537
25	0.065	0.0295	0.4777	0.2772	0.0095	0.2356
26	0.0955	0.0299	0.4891	0.2894	0.0041	0.2174
27	0.126	0.0303	0.5005	0.3016	0	0.1979
28	0.1565	0.0308	0.5117	0.3138	0	0.1745
29	0.1871	0.0312	0.5230	0.3260	0	0.1511
30	0.2176	0.0316	0.5342	0.3382	0	0.1276
31	0.2481	0.0321	0.5454	0.3504	0	0.1042
32	0.2786	0.0326	0.5566	0.3626	0	0.0808
33	0.3091	0.033	0.5678	0.3748	0	0.0574
34	0.3397	0.0335	0.5790	0.3870	0	0.0339
35	0.3702	0.034	0.5903	0.3992	0	0.0105
36	0.4007	0.0345	0.5727	0.4273	0	0
37	0.4312	0.0351	0.5318	0.4682	0	0
38	0.4617	0.0358	0.4909	0.5091	0	0
39	0.4923	0.0366	0.4500	0.5500	0	0
40	0.5228	0.0375	0.4091	0.5909	0	0
41	0.5533	0.0385	0.3682	0.6318	0	0
42	0.5838	0.0395	0.3273	0.6727	0	0
43	0.6144	0.0406	0.2864	0.7136	0	0
44	0.6449	0.0418	0.2454	0.7546	0	0
45	0.6754	0.0431	0.2045	0.7955	0	0
46	0.7059	0.0444	0.1636	0.8364	0	0
47	0.7364	0.0457	0.1227	0.8773	0	0
48	0.767	0.0471	0.1818	0.9182	0	0
49	0.7975	0.0485	0.0409	0.9591	0	0
50	0.828	0.05	0	1.0000	0.0000	0.0000

四、总结与思考

根据实验过程和实验结果，对实验中遇到的问题和实验取得的收获进行总结。

答：从本次实验中，我学到了很多新知识。之前基本上没有接触过 Matlab 软件，在自学了它以后，发现它的功能真的很强大，不愧是数学建模的首选利器。在实验中，我又重温了现代资产投资组合理论和 Eviews 软件的使用，然后利用现代资产投资组合根据实际情况列出了组合的预期收益率与在此预期收益率下的最小风险，最后利用 Matlab 软件把使得方程和不等式成立的权重求出来，从而得到分别买多少股票可以使得在相同风险下收益最多或亏损最小。在求最优风险投资组合中，我用了 Lingo 软件的非线性规划工具，很容易就得到了结果。马柯维茨的证券组合理论是现代投资理论和投资实践的基础，他的均值—方差模型给出了投资决策的最基本也是最完整的框架。投资决策大多是在马柯维茨证券组合理论的框架或基本思想下展开的，进行的是收益和风险的计算，再加上 Matlab 的二次模型优化处理，得出本次实验的结果。需要指出的是，由于本人水平不足以及该方法本身的局限性，此次实验主要存在以下三个问题：(1)方差只描述了收益的偏离程度，却没有描述偏离的方向。而实际中最关心的是负偏离(损失)。(2)方差并没有反映证券组合的损失到底有多大。(3)本次实验并没有求出全局最优投资组合，只是求出局部相对最优投资组合配置。

附:实验报告实例 5—2

金融工程专业实验报告(五)

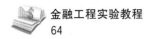

实验名称 股票资产组合的有效边界的确定

实验日期____年____月____日　　　　指导教师________

专业班级________姓名________学号________

一、实验目的

(该部分内容与前面内容雷同,故省略。)

二、实验内容及要求

(该部分内容与前面内容雷同,故省略。)

三、实验结果(可在后面附页)

1. 依据股票收盘价,计算每天收益率的均值,为期望收益率:

宝城股份:$E(r1)=0.000406$

豪迈科技:$E(r2)=0.002112$

江粉磁材:$E(r3)=-0.0012$

乐视网:$E(r4)=0.002623$

日上集团:$E(r5)=0.00019$

杉杉股份:$E(r6)=0.000772$

腾邦国际:$E(r7)=0.002297$

2. 依据每只股票的收益率序列,利用 Eviews 软件分别计算股票的协方差:

Group: UNTITLED Workfile: UNTITLED\Untitled

Covariance Matrix

	R1	R2	R3	R4	R5	R6	R7
R1	0.000403	1.32E-05	4.15E-05	-6.32E-05	8.73E-05	9.22E-05	9.51E-05
R2	1.32E-05	0.000556	-3.13E-05	1.41E-05	1.93E-05	0.000113	2.69E-05
R3	4.15E-05	-3.13E-05	0.000792	-4.52E-06	2.62E-05	1.94E-05	-2.49E-05
R4	-6.32E-05	1.41E-05	-4.52E-06	0.001679	-2.06E-05	-2.05E-05	-3.50E-05
R5	8.73E-05	1.93E-05	2.62E-05	-2.06E-05	0.000457	0.000302	0.000244
R6	9.22E-05	0.000113	1.94E-05	-2.05E-05	0.000302	0.000809	0.000303
R7	9.51E-05	2.69E-05	-2.49E-05	-3.50E-05	0.000244	0.000303	0.001065

即有如下各资产收益率和协方差矩阵:

各资产收益率和协方差矩阵

资　产		1	2	3	4	5	6	7
协方差矩阵	1	0.000403219	1.3157E−05	4.14734E−05	−6.31697E−05	8.7339E−05	9.22E−05	9.51E−05
	2	1.31568E−05	0.00055591	−3.12862E−05	1.41133E−05	1.9324E−05	0.000113	2.69E−05
	3	4.14734E−05	−3.129E−05	0.000791545	−4.52267E−06	2.62E−05	1.94E−05	−2.5E−05
	4	−6.317E−05	1.4113E−05	−4.52267E−06	0.001678599	−2.062E−05	−2E−05	−3.5E−05
	5	8.7339E−05	1.9324E−05	2.61999E−05	−2.06181E−05	0.0004567	0.000302	0.000244
	6	9.22135E−05	0.00011301	1.93985E−05	−2.04826E−05	0.00030175	0.000809	0.000303
	7	9.50813E−05	2.6853E−05	−2.48517E−05	−3.50007E−05	0.00024429	0.000303	0.001065
预期收益率		0.000406	0.002112	−0.0012	0.002623	0.00019	0.000772	0.002297

设七只股票在投资组合中的权重分别为 $w1,w2,w3,w4,w5,w6,w7$，根据现代投资组合理论，投资组合的期望收益率 r_p 为：

$$R(p)=w1\times E(r1)+w2\times E(r2)+w3\times E(r3)+w4\times E(r4)+w5\times E(r5)+w6\times E(r6)+w7\times E(r7)$$

假定预期的组合收益率为上述七只股票的期望收益的均值，即为 0.001029，则可以利用 Matlab 求出对应的权重。首先把 σ_p^2 化为二次规划的一般形式，且约束条件为：$w1\times E(r1)+w2\times E(r2)+w3\times E(r3)+w4\times E(r4)+w5\times E(r5)+w6\times E(r6)+w7\times E(r7)=0.001029$

其中：$w1+w2+w3+w4+w5+w6+w7=1$ 且 $w1>0,w2>0,w3>0,w4>0,w5>0,w6>0,w7>0$。

使用 Matlab 软件进行如下程序编写：

```
>> H=[0.000806 0.0000264 0.000083 -0.00013 0.000175 0.000184 0.00019;
0.0000264   0.001112   -0.0000626   0.0000282   0.0000386   0.000226   0.0000538;
0.000083   -0.0000626   0.001584   -0.00000904   0.0000524   0.0000388   -0.0000498;
-0.00013   0.0000282   -0.00000904   0.003358   -0.0000412   -0.000041   -0.00007;
0.000175   0.0000386   0.0000524   -0.0000412   0.000914   0.000604   0.000488;
0.000184   0.000226   0.0000388   -0.000041   0.000604   0.001618   0.000606;
0.00019   0.0000538   -0.0000498   -0.00007   0.000488   0.000606   0.00213];
q=[0 0 0 0 0 0 0];
>>
Aeq=[1,1,1,1,1,1,1;0.000406,0.002112,-0.0012,0.002623,0.00019,0.000772,
0.002297];
>> beq=[1;0.001029];
>> lb=[0 0 0 0 0 0 0];ub=[1 1 1 1 1 1 1];
>> quadprog(H,q,[],[],Aeq,beq,lb,ub)
```

得出结果如下：

Warning: Large-scale method does not currently solve this problem formulation, switching to medium-scale method.

```
> In quadprog at 236
Optimization terminated.
ans =
    0.2547
    0.2636
    0.1231
    0.1081
    0.1574
    0.0069
    0.0861
```

上述结果表明，在我们设定目标期望收益率为0.001029时，最优资产配置是资产1(宝城股份)、资产2(豪迈科技)、资产3(江粉磁材)、资产4(乐视网)、资产5(日上集团)、资产6(杉杉股份)、资产7(腾邦国际)所占比率分别为25.47%，26.36%，12.31%，10.81%，15.74%，0.69%，8.61%。

在Matlab中输入：

```
ExpReturn=[0.000406 0.002112 -0.0012 0.002623 0.00019 0.000772 0.002297];
ExpCovariance=[0.000806  0.0000264  0.000083  -0.00013  0.000175  0.000184  0.00019;
 0.0000264  0.001112  -0.0000626  0.0000282  0.0000386  0.000226  0.0000538;
 0.000083  -0.0000626  0.001584  -0.00000904  0.0000524  0.0000388  -0.0000498;
-0.00013  0.0000282  -0.00000904  0.003358  -0.0000412  -0.000041  -0.00007;
 0.000175  0.0000386  0.0000524  -0.0000412  0.000914  0.000604  0.000488;
 0.000184  0.000226  0.0000388  -0.000041  0.000604  0.001618  0.000606;
 0.00019  0.0000538  -0.0000498  -0.00007  0.000488  0.000606  0.00213];
NumPort=30
[PortRisk,PortReturn,PortWts]=frontcon(ExpReturn,ExpCovariance,NumPort)
```

得出结果如下：

```
NumPort =
   30
PortRisk =
    0.0163
    0.0163
    0.0164
    0.0165
    0.0166
    0.0168
    0.0169
```

0.0172
0.0174
0.0177
0.0180
0.0183
0.0187
0.0190
0.0194
0.0199
0.0203
0.0208
0.0213
0.0218
0.0225
0.0231
0.0238
0.0246
0.0257
0.0288
0.0336
0.0395
0.0475
0.0579

PortReturn =

0.0008
0.0009
0.0009
0.0010
0.0011
0.0011
0.0012
0.0012
0.0013
0.0014
0.0014
0.0015

```
    0.0016
    0.0016
    0.0017
    0.0017
    0.0018
    0.0019
    0.0019
    0.0020
    0.0021
    0.0021
    0.0022
    0.0022
    0.0023
    0.0024
    0.0024
    0.0025
    0.0026
    0.0026
PortWts =
    0.2649    0.2288    0.1592    0.0917    0.1901    0.0091    0.0563
    0.2619    0.2388    0.1488    0.0965    0.1807    0.0084    0.0649
    0.2590    0.2489    0.1384    0.1012    0.1712    0.0078    0.0735
    0.2561    0.2589    0.1280    0.1059    0.1618    0.0072    0.0821
    0.2532    0.2690    0.1176    0.1107    0.1524    0.0065    0.0907
    0.2502    0.2790    0.1072    0.1154    0.1429    0.0059    0.0993
    0.2473    0.2891    0.0968    0.1202    0.1335    0.0053    0.1079
    0.2444    0.2991    0.0864    0.1249    0.1240    0.0046    0.1165
    0.2415    0.3091    0.0760    0.1296    0.1146    0.0040    0.1251
    0.2385    0.3192    0.0656    0.1344    0.1052    0.0034    0.1338
    0.2356    0.3292    0.0552    0.1391    0.0957    0.0027    0.1424
    0.2327    0.3393    0.0448    0.1439    0.0863    0.0021    0.1510
    0.2298    0.3493    0.0344    0.1486    0.0769    0.0015    0.1596
    0.2268    0.3594    0.0240    0.1533    0.0674    0.0009    0.1682
    0.2239    0.3694    0.0136    0.1581    0.0580    0.0002    0.1768
    0.2210    0.3794    0.0032    0.1628    0.0483   -0.0000    0.1853
    0.2123    0.3910    0.0000    0.1682    0.0316   -0.0000    0.1970
    0.2011    0.4033    0.0000    0.1739    0.0118   -0.0000    0.2099
```

0.1810	0.4163	0.0000	0.1801	0.0000	−0.0000	0.2226
0.1479	0.4302	−0.0000	0.1871	0.0000	−0.0000	0.2347
0.1147	0.4442	−0.0000	0.1942	0.0000	−0.0000	0.2469
0.0816	0.4581	0	0.2013	−0.0000	0.0000	0.2591
0.0484	0.4720	0	0.2083	−0.0000	0.0000	0.2712
0.0153	0.4860	−0.0000	0.2154	−0.0000	0.0000	0.2834
0	0.4175	0	0.2796	−0.0000	0.0000	0.3029
0	0.2789	0	0.3924	−0.0000	0.0000	0.3287
0	0.1403	−0.0000	0.5052	−0.0000	0.0000	0.3545
0	0.0017	0	0.6180	−0.0000	0.0000	0.3804
0	0	0	0.8085	−0.0000	0.0000	0.1915
−0.0000	0	−0.0000	1.0000	−0.0000	0	0

再输入：

plot(PortRisk,PortReturn,'r+ —')

得到结果如下：

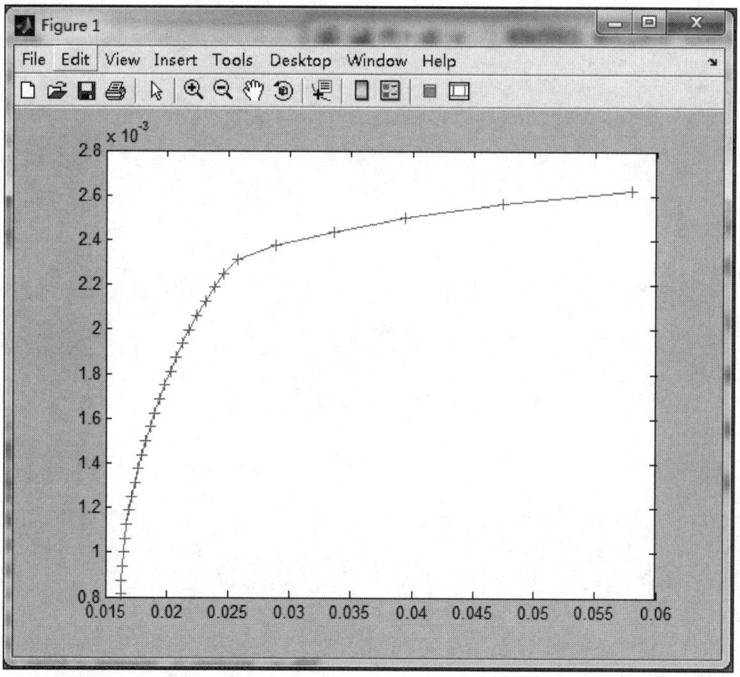

四、总结与思考

根据实验过程和实验结果，对实验中遇到的问题和实验取得的收获进行总结。

通过此次实验，我开始接触 Matlab 软件，之前一直听说很多专业人士会运用 Matlab，我这是第一次使用，发现它真的很神奇，在其他软件需要很复杂的程序的时候，Matlab 轻松地就可以解决。

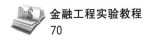

本实验通过找到最优资产配置的组合，再利用二次规划问题求解出 30 个不同收益率下的最优配置组合产生的有效边界。

相比之前的几次实验，此次实验对我来说有点难度，毕竟是第一次使用 Matlab，对其基本操作还不是很熟练，需要多加练习。遗憾的是，本次实验老师给我们三个范例，其中一个很具体地利用了 Lingo 软件的非线性规划工具，从而得出了最优风险投资组合，但由于我对该软件不够了解，马柯维茨的证券组合理论也有些淡忘，还需要课后复习，所以等到下一次实验课的时候我再得出完整的最优风险投资组合。

实验项目六

债券的久期计算

一、实验目的

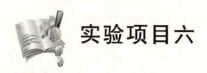

通过查找实际交易的债券信息，并根据交易数据计算债券的久期。

二、实验内容及要求

选定 2～3 只债券，计算这些债券的久期，并讨论其投资价值。

为计算久期，首先要计算所选债券的到期收益率。债券到期收益率是指买入债券后持有至期满得到的收益。这个收益率在本次实验中是指按连续复利计算的收益率，它是能使未来现金流入现值之和等于债券买入价格的贴现率。

三、实验背景与理论基础

久期也称持续期，是 1938 年由麦考利(F. R. Macaulay)提出的，它是以未来时间发生的现金流，按照目前的收益率折现成现值，再用每笔现值乘以现在距离该笔现金流发生时间点的时间年限，然后进行求和，以这个总和除以债券目前的价格得到的数值。

久期是投资债券，收回投资的平均有效期的一个测度。久期和凸性是债券投资和计量分析的两个很重要的变量。在本实验中，只进行久期的计算即可。

久期是考虑了债券现金流现值的因素后测算的债券实际到期日。价格与收益率之间是一个非线性关系。但是在价格变动不大时，这个非线性关系可以近似地看成一个线性关系。也就是说，价格与收益率的变化幅度是成反比的。值得注意的是，对于不同的债券，在不同的日期，这个反比的比率是不相同的。

久期的概念不仅广泛应用在个券上，而且广泛应用在债券的投资组合中。一个长久期的债券和一个短久期的债券可以组合成一个中等久期的债券投资组合，而增加某一类债券的投资比例又可以使该组合的久期向该类债券的久期倾斜。所以，当投资者在进行大资金运作时，准确判断好未来的利率走势后，然后就是确定债券投资组合的久期，在该久期确定的情况下，灵活调整各类债券的权重，基本上就能达到预期的效果。

使用的利率不同，久期有不同的计算公式。在本实验中，我们使用“期货与期权”课程的教材（赫尔的《期货与期权市场导论》）的计算公式，该计算公式中的久期计算的利率都是连续复利。

用下述公式计算所选债券的久期：

$$D=\sum_{i=1}^{n}t_i\left[\frac{c_i e^{-yt_i}}{B}\right] \tag{6-1}$$

其中：D 为久期；B 为债券价格；C 为债券每次发放的现金流；t 为现金流发放的时间；y 为到期收益率。

为计算久期，首先要计算所选债券的到期收益率。债券到期收益率是指买入债券后持有至期满得到的平均收益率。这个收益率在本次实验中是指按连续复利计算的收益率，它是能使未来现金流入现值等于债券买入价格的贴现率。

虽然在和讯债券网等债券投资相关网站上可以查到不同债券的到期收益率，在本实验中，还是建议大家自己实际计算债券的到期收益率。因为网站上查到的到期收益率一般都是普通复利计算的到期收益率。这与本实验中使用的公式不相符合。

在计算到期收益率的时候，通常使用所谓的“试错法”，可以通过编写小程序，进行不断试错，找出满足计算精度的到期收益率数值。

四、实验操作要点指导

1. 债务的行情和数据

在给定交易软件中，查找债券交易情况，也可以参照和讯债券网（http://bond.hexun.com/），对债券交易情况进行初步的熟悉。

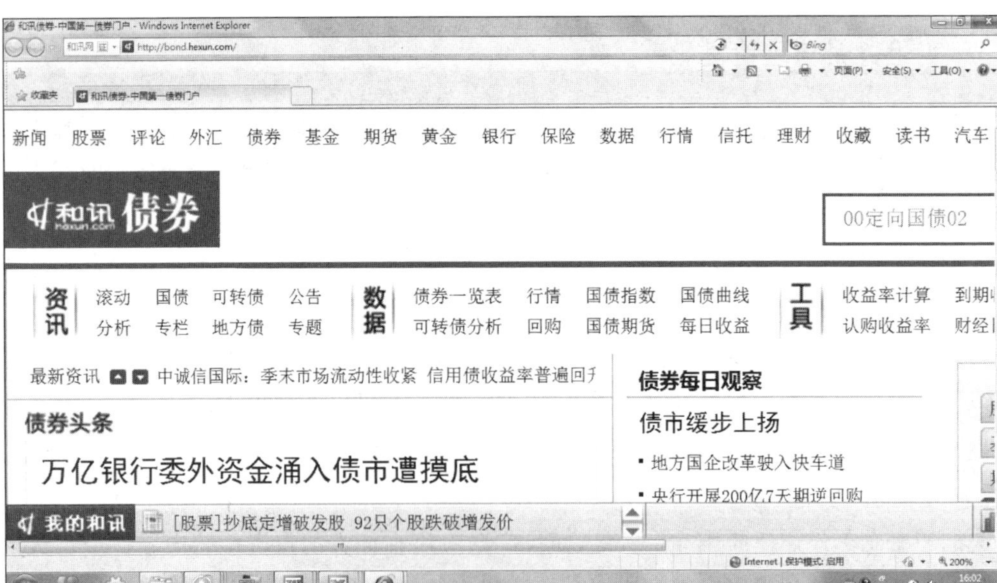

图 6—1 和讯债券网界面

通过交易软件或者和讯债券网（http://bond.hexun.com/），我们可以查到各种在交易的债券的基本数据，根据这些数据进行本次实验的计算。

2. 到期收益率的计算

对于到期收益率，是指以当前价格买入债券持有到期所获得的平均收益率，在本次实验的计算中使用的是连续复利，这一点请大家注意。债券到期收益率的计算方法参见“期货与期权”课程的教材(赫尔的《期货与期权市场导论》)。在和讯网上，大家可以查到债券到期收益率的数据，但本次实验，不建议大家用现成的数据，可以自己计算。

在计算中可以采用试错法，编制一个简单的计算程序，当满足设定的精度时，结束计算，得出相应精度下的债券到期收益率。

以下是一个计算债券到期收益率的计算程序例子。

基本情况介绍：买入凯迪债的报价为 92.25 元，面值为 100 元，年利率为 6.12%，剩余年限为 8.3598 年。则每年可以得到的利息为：

$c=100\times 6.12\%=6.12$(元)

持有到期可以获得 100 元的本金。

$$92.25=6.12(e^{-0.3598y}+e^{-1.3598y}+e^{-2.3598y}+e^{-3.3598y}+e^{-4.3598y}+e^{-5.3598y}+e^{-6.3598y}+e^{-7.3598y})+106.12e^{-8.3598y}$$

用 Vb 软件编写得到以下程序，算出到期收益率：

```
Private Sub Command1_Click()
Dim y,c,f As Double
y=0.05
Do
c=6.12×Exp(-y×0.3598)+6.12×Exp(-y×1.3598)+6.12×Exp(-y×2.3598)
    +6.12×Exp(-y×3.3598)+6.12×Exp(-y×4.3598)+6.12×Exp(-y×
    5.3598)+6.12×Exp(-y×5.3598)+6.12×Exp(-y×6.3598)+6.12×Exp(-y
    ×7.3598)+106.12×Exp(-y×8.3598)
y=y+0.00025
f=c-92.25
Loop Until f <= 0.000001
Print y
End Sub
```

计算得到到期收益率为 8.55%，当然，大家也可以使用在其他专业基础课程中学到的应用软件进行计算。

五、总结与思考

讨论你所计算的债券的投资价值。

附：实验报告实例 6－1

金融工程专业实验报告(六)

实验名称＿＿＿＿＿＿＿＿债券的久期计算＿＿＿＿＿＿＿＿

实验日期＿＿＿年＿＿＿月＿＿＿日　　　　　指导教师＿＿＿＿＿＿＿＿

专业班级＿＿＿＿＿＿＿＿姓名＿＿＿＿＿＿＿＿学号＿＿＿＿＿＿＿＿

一、实验目的

(该部分内容与前面内容雷同,故省略。)

二、实验内容及要求

(该部分内容与前面内容雷同,故省略。)

三、实验结果(可在后面附页)

我选择的是 12 河套债(122679) 和 11 凯迪债(112048)。假定 2014 年 5 月 7 日为购买日。

1. 12 河套债(122679)

基本资料　　更多>>

发行额(亿元)	10.00	发行价(元)	100.00	期限(年)	10
年利率(%)	8.54%	计息日	3.31	到期日	2022-03-31
债券类型	固定	付费方式	年付	信用级别	AA+
剩余年限(年)	7.9068	税前到期收益率(%)	8.06	凸性	NaN
修正久期	NaN	税后到期收益率(%)	6.36		

则每年可以得到的利息为:

$c=100\times 8.54\%=8.54$(元)

持有到期可以获得 100 元的本金。

$$102.7=8.54\left(e^{-0.9068y}+e^{-1.9068y}+e^{-2.9068y}+e^{-3.9068y}+e^{-4.9068y}+e^{-5.9068y}+e^{-6.9068y}\right)+108.54e^{-7.9068y}$$

用 Vb 软件编写得到以下程序,算出到期收益率:

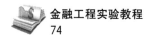

```
Private Sub Command1_Click()
Dim y,c,f As Double
y = 0.05
Do
c=8.54×Exp(－y×0.9068)＋8.54×Exp(－y×1.9068)＋8.54×Exp(－y×2.9068)
    ＋8.54×Exp(－y×3.9068)＋8.54×Exp(－y×4.9068)＋8.54×Exp(－y×
```

```
5.9068)+8.54×Exp(-y×6.9068)+108.54×Exp(-y×7.9068)
y=y+0.00025
f=c-102.7
Loop Until f <= 0.000001
Print y
End Sub
```

经计算得到期收益率为 7.925%。

利用公式计算久期：

$$D=(8.54(0.9068\times e^{-0.07925\times0.9068}+1.9068\times e^{-0.07925\times1.9068}+2.9068\times e^{-0.07925\times2.9068}+3.9068\times e^{-0.07925\times3.9068}+4.9068\times e^{-0.07925\times4.9068}+5.9068\times e^{-0.07925\times5.9068}+6.9068\times e^{-0.07925\times6.9068})+108.54\times7.9068\times e^{-0.07925\times7.9068}/102.7$$
$$=6.018873$$

2.11 凯迪债(112048)

基本资料					更多>>
发行额(亿元)	11.80	发行价(元)	100.00	期限(年)	7
年利率(%)	8.50%	计息日	11.21	到期日	2018-11-21
债券类型	固定	付费方式	年付	信用级别	AA
剩余年限(年)	4.5479	税前到期收益率(%)	9.17	凸性	NaN
修正久期	NaN	税后到期收益率(%)	7.24		

则每年可以得到的利息为：

$c=100\times8.50\%=8.50$(元)

持有到期可以获得 100 元的本金。

经计算得出到期收益率为：

$$97.5=8.5(e^{-0.5479y}+e^{-1.5479y}+e^{-2.5479y}+e^{-3.5479y})+108.5e^{-4.5479y}$$

利用 Vb 软件编程得到上述方程的解：

```
Private Sub Command1_Click()
Dim y,c,f As Double
y=0.05
Do
c=8.5×Exp(-y×0.5479)+8.5×Exp(-y×1.5479)+8.5×Exp(-y×2.5479)+
    8.5×Exp(-y×3.5479)+108.5×Exp(-y×4.5479)
y=y+0.00025
f=c-97.5
Loop Untilf <= 0.000001
```

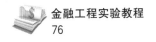

```
Print y
Print c
End Sub
```

经计算,到期收益率为 9.825%。

利用公式计算久期:

$$D=(8.5(0.5479\times e^{-0.09825\times 0.5479}+1.5479\times e^{-0.09825\times 1.5479}+2.5479\times e^{-0.09825\times 2.5479}+3.5479\times e^{-0.09825\times 3.5479})+108.5\times 4.5479\times e^{-0.09825\times 4.5479})/97.5$$
$$=3.789651$$

四、总结与思考

讨论你所计算的债券的投资价值。

答:在债券分析中,久期已经超越了时间的概念,投资者更多地把它用来衡量债券价格变动对利率变化的敏感度,久期越大,债券价格对收益率的变动就越敏感,收益率上升所引起的债券价格下降幅度就越大,而收益率下降所引起的债券价格上升幅度也越大。可见,同等要素条件下,久期小的债券比久期大的债券抗利率上升风险能力强,但抗利率下降风险能力较弱。

正是久期的上述特征给我们的债券投资提供了参照。当我们判断当前的利率水平存在上升可能时,就可以集中投资于短期品种,缩短债券久期;而当我们判断当前的利率水平有可能下降时,则加大长期债券的投资,拉长债券久期,这就可以帮助我们在债市的上涨中获得更高的溢价。

在目前这个阶段,预计利率还要再上升,而我计算得到的这两只债券的久期并不是很大,风险相对较低,可以投资,而且这两只债券的到期收益率都明显要高于银行同期的存款,从这一方面来看也具有一定的投资价值。

附:实验报告实例 6—2

金融工程专业实验报告(六)

实验名称＿＿＿＿＿＿＿债券的久期计算＿＿＿＿＿＿＿

实验日期＿＿＿年＿＿＿月＿＿＿日　　　　　　指导教师＿＿＿＿＿＿＿

专业班级＿＿＿＿＿＿＿姓名＿＿＿＿＿＿＿学号＿＿＿＿＿＿＿

一、实验目的

(该部分内容与前面内容雷同,故省略。)

二、实验内容及要求

(该部分内容与前面内容雷同,故省略。)

三、实验结果(可在后面附页)

本次实验我选择两只企业债来作为研究对象,分别是 09 招金债(122041)和 12 力帆(02122186)。

1. 09 招金债(122041)

基本资料　　更多>>

发行额(亿元)	15.00	发行价(元)	100.00	期限(年)	7
年利率(%)	5.00%	计息日	12.23	到期日	2016-12-23
债券类型	固定	付费方式	年付	信用级别	AA+
剩余年限(年)	3.6274	税前到期收益率(%)	4.38	凸性	NaN
修正久期	NaN	税后到期收益率(%)	3.29		

09 招金债的报价是 102 元,面值是 100 元,从基本资料可知年利率为 5%,付息日为每年的 12 月 23 日,一年付息一次,剩余年限为 3.6274 年。

故利息支付额为:100×5%=5(元)

接下来由债券定价公式计算到期收益率。

$$102=5\times(e^{-y\times 0.6274}+e^{-y\times 1.6274}+e^{-y\times 2.6274})+105\times e^{-y\times 3.6274}$$

运用 Vb 软件编写得到以下程序,计算到期收益率 y:

```
Private Sub Command1_Click()
Dim y,pv,f As Double
y=0.05
Do
pv=5×Exp(-y×0.6274)+5×Exp(-y×1.6274)+5×Exp(-y×2.6274)+105×
    Exp(-y×3.6274)
```

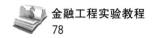

```
y=y-0.00025
f=Val(Text2)-pv
Loop Until f <=0.00001
Text1=y
End Sub
```

运行结果如下：

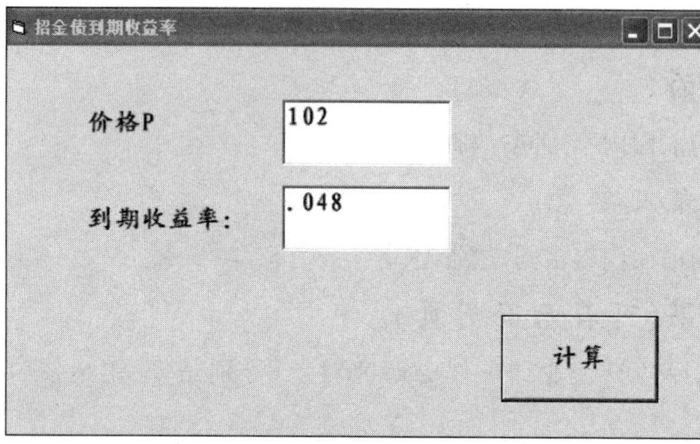

故 09 招金债到期收益率为 4.8%，其久期为：

$$D=(5\times(0.6274\times e^{-0.048\times 0.6274}+1.6274\times e^{-0.048\times 1.6274}+2.6274\times e^{-0.048\times 2.6274})+105\times 3.6274\times e^{-0.048\times 3.6274})/102=3.35$$

2.12 力帆(02122186)

基本资料 更多>>

发行额(亿元)	7.00	发行价(元)	100.00	期限(年)	5
年利率(%)	7.50%	计息日	9.19	到期日	2017-09-19
债券类型	固定	付费方式	年付	信用级别	AA
剩余年限(年)	4.3671	税前到期收益率(%)	6.05	凸性	NaN
修正久期	NaN	税后到期收益率(%)	4.37		

同理可得 12 力帆(02122186)报价为 105.38 元，年利率为 7.5%，付息日为每年的 9 月 19 日，一年付息一次，剩余年限为 4.3671 年。

利息支付额为：100×7.5%=7.5(元)

由债券定价公式可得：

$$105.38=7.5\times(e^{-y\times 0.3671}+e^{-y\times 1.3671}+e^{-y\times 2.3671}+e^{-y\times 3.3671})+107.5\times e^{-y\times 4.3671}$$

同理运用 Vb 软件编写得到以下程序，计算到期收益率 y：

```
Private Sub Command1_Click()
```

```
Dim y,pv,f As Double
y=0.075
Do
pv=7.5×Exp(-y×0.3671)+7.5×Exp(-y×1.3671)+7.5×Exp(-y×2.3671)+
    7.5×Exp(-y×3.3671)+107.5×Exp(-y×4.3671)
y=y-0.00025
f=Val(Text2)-pv
Loop Until f <= 0.00001
Text1=y
End Sub
```

运行结果如下：

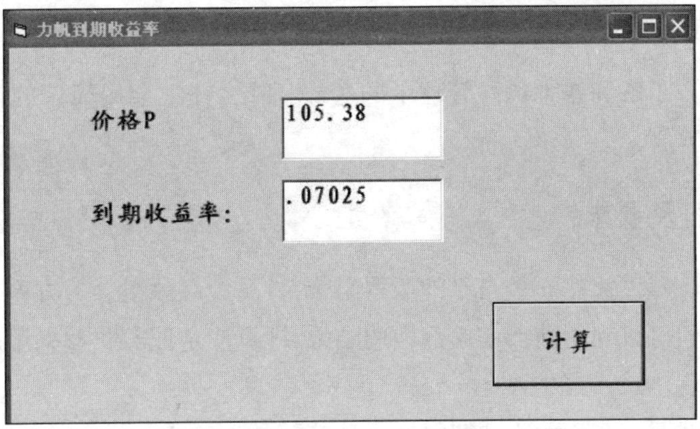

故到期收益率为 0.07025，其久期计算如下：

$$D=(7.5\times(0.3671\times e^{-0.07025\times 0.3671}+1.3671\times e^{-0.07025\times 1.3671}+2.3671\times e^{-0.07025\times 2.3671}+3.3671\times e^{-0.07025\times 3.3671})+107.5\times 4.3671\times e^{-0.07025\times 4.3671})/105.38=3.72$$

四、总结与思考

讨论你所计算的债券的投资价值。

答：在本次实验中，根据久期的定义计算出了选定的两只债券的久期，当然是没有经过修正的。本次实验中的 09 招金债的久期为 3.35，而 12 力帆的久期为 3.72。根据公式修正久期 $D^*=\frac{D}{1+y}$，所以 09 招金债的修正久期为 3.2，12 力帆的修正久期为 3.48。修正久期越大，债券价格对收益率的变动就越敏感，收益率上升所引起的债券价格下降幅度就越大，而收益率下降所引起的债券价格上升幅度也越大，故 12 力帆要比 09 招金债对市场利率更加敏感。因此，当我们判断当前的利率水平存在上升可能时，就可以集中投资于短期品种，缩短债券久期；而当我们判断当前的利率水平有可能下降时，则加大长期债券的投资，拉长债券久期，这就可以帮助我们在债券市场的上涨中获得更高的溢价。

实验项目七

资产组合 VaR 的计算

一、实验目的

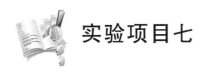

通过本次实验，了解和熟悉风险管理中的 VaR 理论，并学会用简单的正态分布模型计算资产组合的 VaR 数值。

二、实验内容及要求

在前面的实验中，大家建立了自己的股票组合，计算了股票组合的方差、相关系数等参数。在本次实验中，我们可以利用前面实验的实验结果，计算假定证券收益率服从正态分布下的资产组合的 VaR 数值。

本次实验使用的是 VaR 方法计算中的一种简便的计算方法，在金融实践中，一般需要更加复杂的计算方法，进而进行资产组合的风险管理。通过本次实验的计算过程，大家可以熟悉 VaR 方法的含义，定量计量股票组合的 VaR 数值，理解通过 VaR 方法进行风险计量的思路。

在实验五中，大家已经得到了自己建立的资产组合的协方差矩阵。在本次实验报告中，计算你的股票组合的日收益和周收益的标准差，并分别计算你的资产组合 1 天、10 天、1 周、5 周的 VaR 数值，并说明这些数值的含义。

三、实验背景与理论基础

利用方差及 β 系数来衡量资产的风险过于抽象、不直观，而且反映的只是市场或资产的波动幅度；而资本资产定价模型又无法揉合金融衍生品种。在上述传统的几种方法都无法准确定义和度量金融风险时，G30 集团在研究衍生品种的基础上，于 1993 年发表了题为《衍生产品的实践和规则》的报告，提出了度量市场风险的 VaR 方法，目前它已成为金融界测量市场风险的主流方法之一。后来由摩根大通银行(J. P. Morgan)推出的用于计算 VaR 的 Risk Metrics 风险控制模型更是被众多金融机构广泛采用。

1. VaR 的定义及方法

VaR(Value at Risk)按字面解释就是“风险价值”，是指，在市场正常波动下，某一金融资产或证券组合的最大可能损失。更为确切的是指，在一定概率水平(置信度)下，某一金融资产或证券组合价值在未来特定时期内的最大可能损失。

VaR 从统计的意义上讲，本身是个数字，是指面临“正常”的市场波动时“处于风险状态的价值”。即在给定的置信水平和一定的持有期限内，预期的最大损失量(可以是绝对值，也可以是相对值)。例如，某一投资公司持有的证券组合在未来 24 小时内置信度为 95%，在证券市场正常波动的情况下，VaR 值为 520 万元，其含义是指，该公司的证券组合在一天内(24 小时)，由于市场价格变化而带来的最大损失超过 520 万元的概率为 5%，平均 20 个交易日才可能出现一次这种情况。或者说，有 95%的概率判断该投资公司在下一个交易日内的损失在 520 万元以内；5%的概率反映了金融资产管理者的风险厌恶程度，可根据不同的投资者对风险的偏好程度和承受能力来确定。

由上述定义出发，要确定一个金融机构或资产组合的 VaR 值或建立 VaR 的模型，首先必须确定两个参数：持有期间的长短和置信水平的大小。

(1)持有期。即确定计算在哪一段时间内的持有资产的最大损失值，也就是明确风险管理者关心资产在一天内、一周内还是一个月内的风险价值。持有期的选择应依据所持有资产的特点来确定。比如，对于一些流动性很强的交易头寸，往往需以每日为周期计算风险收益和 VaR 值，如 G30 小组在 1993 年的衍生产品的实践和规则中就建议对场外 OTC 衍生工具以每日为周期计算其 VaR，而对一些期限较长的头寸如养老基金和其他投资基金则可以每月为周期。

(2)置信水平。一般来说，对置信区间的选择在一定程度上反映了金融机构对风险的不同偏好。选择较大的置信水平意味着金融机构对风险比较厌恶，希望能得到把握性较大的预测结果，希望模型对于极端事件的预测准确性较高。根据各自的风险偏好不同，选择的置信区间也各不相同。比如摩根大通银行与美洲银行选择 95%，花旗银行选择 95.4%，大通曼哈顿选择 97.5%，信息银行选择 99%。作为金融监管部门的巴塞尔委员会则要求采用 99%的置信区间。

在实际进行资产的 VaR 数值的计算时，可以采用的方法有三类：

一是假定资产的收益率服从一定的分布，将分布模型代入 VaR 的定义中，进行计算。根据不同的分布假定，计算过程的复杂程度也不同。

二是历史模拟法，其核心是利用过去一段时间的资产回报率数据，估算资产回报率的统计分布，再根据不同的分位数求得相应置信水平的 VaR。

三是蒙特卡罗模拟法，其基本思路是重复模拟金融变量的随机过程，使模拟值包括大部分可能情况，这样通过模拟就可以得到组合价值的整体分布情况，在此基础上就可以求出 VaR。该计算方法一般较复杂。

在本实验中，我们采用最简单的一种方法，就是假定证券收益率服从对数正态分布，将正态分布代入 VaR 的定义中，建立模型，进行计算。

2. VaR 模型建立

如果从数学角度定义 VaR，可令 W_0 为风险资产的初值，R 为目标时间区间上的收益率，

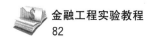

W^* 为给定置信水平上的资产最低价值，则 VaR 定义为：

$$VaR = E(W) - W^* \tag{7-1}$$

期末的财富 $W = W_0(1+R)$，同理，$W^* = W_0(1+R^*)$。

在计算中，一般常用的是假设收益率服从正态分布，设 R 的均值为 μ，方差为 σ^2，则：

$$VaR = E(W) - W^* = -W_0(R^* - \mu)$$

设投资组合的收益率分布概率密度函数为 $f(R)$，给定置信水平 c，则 R^* 由下式确定：

$$\int_{R^*}^{\infty} f(R)\,dR = c$$

根据上述推导，计算 VaR 相当于根据组合的价值的分布来计算 W^*，进而转化为计算分布中的 R^*，再根据投资组合的期望收益率 μ 计算 VaR。对于正态分布，VaR 的计算公式简化为：

$$VaR = W_0 \alpha \sigma \sqrt{t} \tag{7-2}$$

其中，α 为对应于相应置信度的标准正态分布的 Z 值，σ 为收益率的标准差，t 为选取的时间区间。

四、实验操作要点指导

根据上述公式计算你的资产组合的 VaR 数值，可以依据以下步骤进行计算：

1. 计算资产组合的分布参数

在正态分布假设下，计算日收益率数据的标准差和周收益率数据的标准差。资产组合的协方差矩阵在实验五中已经计算过，在本实验中，可以沿用实验五的方法进行计算。

2. 查找标准正态分布的 Z 值

置信区间设为 95%，可以查正态分布表得到相应的分位数；也可以使用 Excel 软件中的 Normsdist()函数，采用试错的方法。即当 Normsdist()函数括号中的数值使得该函数的数值接近 5%时，括号中的数值就是要取的分位数。

3. 计算 VaR 数值

(1)日收益的 VaR

将日收益率标准差和标准正态分布的 Z 值 α，代入公式(7—2)。计算 n 天的 VaR，则 $t=n$。

(2)周收益的 VaR

将周收益率标准差和标准正态分布的 Z 值 α，代入公式(7—2)。计算 n 周的 VaR，则 $t=n$。

五、总结与思考

根据实验结果，如何看待使用 VaR 方法计量股票组合的风险？

附:实验报告实例 7—1

金融工程专业实验报告(七)

实验名称＿＿＿＿＿＿资产组合 VaR 的计算＿＿＿＿＿＿

实验日期＿＿＿年＿＿＿月＿＿＿日　　　　指导教师＿＿＿＿＿＿

专业班级＿＿＿＿＿＿＿＿姓名＿＿＿＿＿＿＿学号＿＿＿＿＿＿＿

一、实验目的

(该部分内容与前面内容雷同,故省略。)

二、实验内容及要求

(该部分内容与前面内容雷同,故省略。)

三、实验结果(可在后面附页)

1. 计算持有资产的收益率的标准差

(1)选取从 2010 年 11 月 23 日至 2013 年 3 月 13 日的五只股票日收盘价数据,将收集到的交易数据转换为对数收益率数据序列,公式为 $R_i = \text{Ln}(P_i / P_{i-1})$,得到期望收益率和收益率的标准差如下:

	期望收益率	收益率的标准差
浦发银行	0.00010	0.015347
中信证券	—0.00025	0.021544
陆家嘴	—0.00089	0.01888
片仔癀	0.00118	0.024803
盾安环境	—0.00019	0.023936

根据每只股票的收益率序列,利用 Excel 软件分别计算股票的协方差:

浦发银行:a　中信证券:b　陆家嘴:c　片仔癀:d　盾安环境:e

	a	b	c	d	e
a	0.000235	0.000104	0.000139	7.71E—06	1.02E—05
b	0.000104	0.000463	0.00013	2.19E—05	5.12E—05
c	0.000139	0.00013	0.000356	—3.8E—06	7.56E—06
d	7.71E—06	2.19E—05	—3.8E—06	0.000614	0.000145
e	1.02E—05	5.12E—05	7.56E—06	0.000145	0.000572

假设资产组合中各股票的权重相同,为 0.2,资产组合的初始价值为 1 000 万元,计算出上

述资产组合的方差：

$$\sigma_p^2=\sum_{i=1}^{5}w_i^2\sigma_i^2+\sum_{i=1}^{5}\sum_{\substack{j=1\\j\neq i}}^{5}w_iw_jCov(r_i,r_j)=1.39\times10^{-4}$$

则标准差为：

$\sigma_p=0.0118$

(2)选取从 2007 年 11 月 23 日至 2013 年 5 月 22 日的五只股票周收盘价数据，得到期望收益率和收益率的标准差如下：

	期望收益率	收益率的标准差
浦发银行	−0.00125	0.060695
中信证券	−0.00294	0.066503
陆家嘴	−0.00222	0.065649
片仔癀	0.004885	0.054044
盾安环境	0.001949	0.068647

根据每只股票的收益率序列，利用 Excel 软件分别计算股票的协方差：

浦发银行：a　中信证券：b　陆家嘴：c　片仔癀：d　盾安环境：e

	a	b	c	d	e
a	0.003684	0.000217	0.000482	−2.8E−06	0.000419
b	0.000217	0.004423	0.0008	−0.00042	0.000489
c	0.000482	0.0008	0.00431	0.000977	0.002323
d	−2.8E−06	−0.00042	0.000977	0.002921	0.001802
e	0.000419	0.000489	0.002323	0.001802	0.004712

计算出上述资产组合的方差：

$$\sigma_p^2=\sum_{i=1}^{5}w_i^2\sigma_i^2+\sum_{i=1}^{5}\sum_{\substack{j=1\\j\neq 1}}^{5}w_iw_jCov(r_i,r_j)=1.085\times10^{-3}$$

则标准差为：

$\sigma_p=0.0329$

2. 查找标准正态分布的 Z 值并计算 VaR 数值

假定置信区间为 95%，资产组合的初始价值 W_0 为 1 000 万元，对应于相应置信度的标准正态分布的 Z 值 $\alpha=-1.65$，VaR 计算公式简化为：

$$\mathbf{VaR=W_0\alpha\sigma\sqrt{t}}$$

利用 Excel 软件算出的五只股票的日收益率的 σ_p 值为 0.0118，得到结果如下：

1 天的 VaR 为：

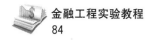

$VaR=W_0\alpha\sigma\sqrt{t}=10\ 000\ 000\times1.65\times0.0118\times\sqrt{1}=194\ 700$

10 天的 VaR 为：

$$VaR = W_0\alpha\sigma\sqrt{t} = 10\ 000\ 000 \times 1.65 \times 0.0118 \times \sqrt{10} = 615\ 695.5$$

1 周的 VaR 为：

$$VaR = W_0\alpha\sigma\sqrt{t} = 10\ 000\ 000 \times 1.65 \times 0.0118 \times \sqrt{5} = 435\ 362.4$$

5 周的 VaR 为：

$$VaR = W_0\alpha\sigma\sqrt{t} = 10\ 000\ 000 \times 1.65 \times 0.0118 \times \sqrt{25} = 973\ 500$$

因此，根据日收益率算得的 VaR 值可以得到以下结论：在 95%的置信水平下，我所选择的资产组合 1 天的最大损失为 194 700 元，10 天的最大损失为 615 695.5 元，1 周的最大损失为 435 362.4 元，5 周的最大损失为 973 500 元。

利用 Excel 软件算出的五只股票的周收益率的 σ_p 值为 0.0329，得到结果如下：

1 天的 VaR 为：

$$VaR = W_0\alpha\sigma\sqrt{t} = 10\ 000\ 000 \times 1.65 \times 0.0329 \times \sqrt{\frac{1}{5}} = 242\ 769.9$$

10 天的 VaR 为：

$$VaR = W_0\alpha\sigma\sqrt{t} = 10\ 000\ 000 \times 1.65 \times 0.0329 \times \sqrt{2} = 767\ 705.8$$

1 周的 VaR 为：

$$VaR = W_0\alpha\sigma\sqrt{t} = 10\ 000\ 000 \times 1.65 \times 0.0329 \times \sqrt{1} = 542\ 850$$

5 周的 VaR 为：

$$VaR = W_0\alpha\sigma\sqrt{t} = 10\ 000\ 000 \times 1.65 \times 0.0329 \times \sqrt{5} = 1\ 213\ 850$$

因此，根据周收益率算得的 VaR 值，可以得到以下结论：在 95%的置信水平下，我所选择的资产组合 1 天的最大损失为 242 769.9 元，10 天的最大损失为 767 705.8 元，1 周的最大损失为 542 850 元，5 周的最大损失为 1 213 850 元。

四、总结与思考

根据实验结果，如何看待使用 VaR 方法计量股票组合的风险？

答：本次实验，通过选取五只股票（浦发银行、中信证券、陆家嘴、片仔癀和盾安环境）的日收益率和周收益率数据，了解和熟悉风险管理中的 VaR 理论，并学会用简单的正态分布模型计算资产组合的 VaR 数值。然而，实际的经济活动中，股票的收益率并不是正态分布的，因此根据此公式得到的 VaR 只能作为一个参考。实际的 VaR 还要考虑宏观和微观因素的影响，但在目前还没有有效的方法来计算，只能大致估算一个范围。

在计算中，95%的置信水平下，通过观察，我所选择的资产组合无论是日收益率数据还是周收益率数据，均是 5 周的损失最大，我们知道，VaR 是在给定置信区间内在一个持有期内的最坏的预期损失，这个损失随着时间的累加有逐步递增的波动，即满足单调性，因而在选择股票进行资产组合时，可以考虑短期内的投资组合来尽量减少风险价值，即分散风险效应。但通过计算过程中的比较，我们知道，多个交易组合合并之后的 VaR 可能会大于多个交易组合 VaR 的和，这是值得注意的地方。

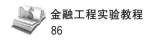

附:实验报告实例 7—2

金融工程专业实验报告(七)

实验名称______资产组合 VaR 的计算______

实验日期____年____月____日　　　　指导教师________

专业班级________姓名________学号________

一、实验目的

(该部分内容与前面内容雷同,故省略。)

二、实验内容及要求

(该部分内容与前面内容雷同,故省略。)

三、实验结果(可在后面附页)

根据前面的实验四和实验五可得资产组合的各种数据,包括协方差矩阵。

假设:总资产 $W_0=10\ 000\ 000$(元)

各资产等权重:$w_a=w_b=w_c=w_d=0.25$

数据如下:

各股票分别用英文字母 a,b,c,d 表示:

上海建工:a　山东墨龙:b　山东如意:c　益民集团:d

$Cov(r_a,r_b)=0.000338$　　$Cov(r_a,r_c)=0.000225$　　$Cov(r_a,r_d)=0.000214$

$Cov(r_b,r_c)=0.000363$　　$Cov(r_b,r_d)=0.000302$　　$Cov(r_c,r_d)=0.000222$

$Cov(r_a,r_a)=\sigma_a^2=0.000613$　$Cov(r_b,r_b)=\sigma_b^2=0.001251$

$Cov(r_c,r_c)=\sigma_c^2=0.000675$　$Cov(r_d,r_d)=\sigma_d^2=0.000318$

故协方差矩阵为:

H=[0.000613 0.000338 0.000225 0.000214;

0.000338 0.001251 0.000363 0.000302;

0.000225 0.000363 0.000675 0.000222;

0.000214 0.000302 0.000222 0.000318];

又投资组合方差计算公式如下:

$$\sigma_p^2=(w_a\ w_b\ w_c\ w_d)\begin{pmatrix} Cov(r_a,r_a) & Cov(r_a,r_b) & Cov(r_a,r_c) & Cov(r_a,r_d) \\ Cov(r_b,r_a) & Cov(r_b,r_b) & Cov(r_b,r_c) & Cov(r_b,r_d) \\ Cov(r_c,r_a) & Cov(r_c,r_b) & Cov(r_c,r_c) & Cov(r_c,r_d) \\ Cov(r_d,r_a) & Cov(r_d,r_b) & Cov(r_d,r_c) & Cov(r_d,r_d) \end{pmatrix}\begin{pmatrix} w_a \\ w_b \\ w_c \\ w_d \end{pmatrix}$$

故运用 Matlab 软件计算投资组合的方差如下:

```
>> H=[0.000613 0.000338 0.000225 0.000214;
```

```
0.000338 0.001251 0.000363 0.000302;
0.000225 0.000363 0.000675 0.000222;
0.000214 0.000302 0.000222 0.000318];
>> W=[0.25 0.25 0.25 0.25];
>> A=[0.25;0.25;0.25;0.25];
>> P=W×H×A
P =
  3.8656e-004
```

故投资组合的每日标准差 $\sigma_p=\sqrt{3.8656e-004}=0.0197$

在单侧检验并且置信度为 95%的条件下，查表得 $\alpha=1.645$

又 VaR 的计算公式如下：

$$VaR=W_0\alpha\sigma\sqrt{t}$$

所以：

投资组合 1 天的 $VaR=10\ 000\ 000\times1.645\times0.0197\times\sqrt{1}=324\ 065$(元)

投资组合 1 周(5 天)的 $VaR=10\ 000\ 000\times1.645\times0.0197\times\sqrt{5}=724\ 631$(元)

投资组合 10 天的 $VaR=10\ 000\ 000\times1.645\times0.0197\times\sqrt{10}=1\ 024\ 784$(元)

投资组合 5 周(25 天)的 $VaR=10\ 000\ 000\times1.645\times0.0197\times\sqrt{25}=1\ 620\ 325$(元)

因此，根据日收益率算得的 *VaR* 值可以得到以下结论：在 95%的置信水平下，我所选择的资产组合 1 天的最大损失不会超过 324 065 元，10 天的最大损失不会超过 1 024 784 元，1 周的最大损失不会超过 724 631 元，5 周的最大损失不会超过 1 620 325 元。

四、总结与思考

根据实验结果，如何看待使用 VaR 方法计量股票组合的风险？

答：在本次实验中，用公式法求出 VaR，是在假设收益率服从正态分布的情况下推导出公式的。但是实际的经济活动中股票的收益率并不是正态分布的，因此根据此公式得到的 VaR 只能作一个参考。从目前来看，计算 VaR 值主要有三种方法，分别是历史模拟法、方差协方差法、蒙特卡罗模拟法。本次实验采用的是第二种方法。这些方法都有比较严格的假定，因此真正的 VaR 还要考虑宏观和微观因素的影响，目前还没有有效的方法来计算，只能大致估算一个范围。通过这次实验，我知道了该如何利用 VaR 数值，计算我所构造的投资组合的最大损失。当然，影响股市的因素复杂多样，股票的波动性也反复无常，故计算出来的风险价值度仅供参考。

实验项目八

期权定价的 B-S 模型方法
——以可转换债券为例

一、实验目的

通过本次实验，熟悉期权定价的 B-S 模型方法，尝试用该方法为期权定价；理解可转换债券的定义，各种条款和关键参数，熟悉可转换债券的价格波动与其标的股票价格的关系；了解可转换债券定价的方法和投资价值，通过为债券和看涨期权定价来给可转换债券定价。

二、实验内容及要求

1. 任选一只国内证券市场正在交易的可转换债券，熟悉其价格波动特点

通过交易软件等平台查看可转换债券的价格波动、发行等基本信息，转股、回售等条款，以及转股价格等关键参数。

2. 确定该可转换债券的标的股票，计算标的股票的波动率

以标的股票的收盘价日数据计算标的证券的收益率，根据收益率数据计算收益率的标准差，再换算成年波动率。

3. 利用 B-S 模型，为可转债包含的看涨期权进行定价

在可转换债券的转股期内，任选 5 个时间点，计算期权的价值。再对可转换债券的纯债券价值进行计算，将可转换债券的债券价值和期权价值相加作为该可转债的价值。

4. 实验报告要求

报告你的计算结果，并讨论你计算的可转债的投资价值。

三、实验背景与理论基础

1. 可转换债券的含义、特点及投资价值

可转换债券是可转换公司债券的简称，又简称可转债。它是一种可以在特定时间、按特定条件转换为普通股票的特殊企业债券。可转换债券兼具债权和期权的特征。

可转换性是可转换债券的重要标志，债券持有人可以按约定的条件将债券转换成股票。

转股权是投资者享有的、一般债券所没有的选择权。可转换债券在发行时就明确约定，债券持有人可按照发行时约定的价格将债券转换成公司的普通股票。如果债券持有人不想转换，则可以继续持有债券，直到偿还期满时收取本金和利息，或者在流通市场出售变现。如果持有人看好发债公司股票增值潜力，在宽限期之后可以行使转换权，按照预定转换价格将债券转换成为股票，发债公司不得拒绝。正因为具有可转换性，可转换债券利率一般低于普通公司债券利率，企业发行可转换债券可以降低筹资成本。

可转换债券在转换成股票之前是纯粹的债券，与其他债券一样，可转换债券也有规定的利率和期限，投资者可以选择持有债券到期，收取本息。但在转换成股票之后，原债券持有人就由债权人变成了公司的股东，可参与企业的经营决策和红利分配，这也会在一定程度上影响公司的股本结构。

可转换债券持有人还享有在一定条件下将债券回售给发行人的权利，发行人在一定条件下拥有强制赎回债券的权利。

可转换债券兼有债券和股票双重特点，对企业和投资者都具有吸引力。1996 年我国政府决定选择有条件的公司进行可转换债券的试点，1997 年颁布了《可转换公司债券管理暂行办法》，2001 年 4 月中国证监会发布了《上市公司发行可转换公司债券实施办法》，极大地规范、促进了可转换债券的发展。

可转换债券具有双重选择权的特征。一方面，投资者可自行选择是否转股，并为此承担转债利率较低的机会成本；另一方面，转债发行人拥有是否实施赎回条款的选择权，并为此要支付比没有赎回条款的转债更高的利率。双重选择权是可转换公司债券最主要的金融特征，它的存在使投资者和发行人的风险、收益限定在一定的范围内，并可以利用这一特点对股票进行套期保值，获得更加确定的收益。

可转换债券具有股票和债券的双重属性，对投资者来说是“有本金保证的股票”。可转换债券对投资者具有强大的市场吸引力，其有利之处在于：

(1)可转换债券使投资者获得最低收益权

可转换债券与股票最大的不同就是它具有债券的特性，即便当它失去转换意义，作为一种低息债券，它仍然会有固定的利息收入；这时投资者以债权人的身份，可以获得固定的本金与利息收益。如果实现转换，则会获得出售普通股的收入或获得股息收入。可转换债券对投资者具有“上不封顶，下可保底”的优点，当股价上涨时，投资者可将债券转为股票，享受股价上涨带来的盈利；当股价下跌时，则可不实施转换而享受每年的固定利息收入，待期满时偿还本金。

(2)可转换债券当期收益较普通股红利高

投资者在持有可转换债券期间，可以取得定期的利息收入，通常情况下，可转换债券当期收益较普通股红利高，如果不是这样，可转换债券将很快被转换成股票。

(3)可转换债券比股票有优先偿还的要求权

可转换债券属于次等信用债券，在清偿顺序上，与普通公司债券、长期负债(银行贷款)等具有同等追索权利，但排在一般公司债券之后；与可转换优先股、优先股和普通股相比，可得到优先清偿的地位。

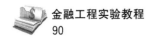

2. 可转换债券的要素和条款

可转换债券有若干要素，这些要素基本上决定了可转换债券的转换条件、转换价格、市场价格等总体特征。

(1)有效期限和转换期限。就可转换债券而言，其有效期限与一般债券相同，指债券从发行之日起至偿清本息之日止的存续期间。转换期限是指可转换债券转换为普通股票的起始日至结束日的期间。大多数情况下，发行人都规定一个特定的转换期限，在该期限内，允许可转换债券的持有人按转换比例或转换价格转换成发行人的股票。我国《上市公司证券发行管理办法》规定，可转换公司债券的期限最短为 1 年，最长为 6 年，自发行结束之日起 6 个月后方可转换为公司股票。

(2)股票利率或股息率。可转换公司债券的票面利率(或可转换优先股票的股息率)是指可转换债券作为一种债券时的票面利率(或优先股股息率)，发行人根据当前市场利率水平、公司债券资信等级和发行条款确定，一般低于相同条件的不可转换债券(或不可转换优先股票)。可转换公司债券应半年或 1 年付息 1 次，到期后 5 个工作日内应偿还未转股债券的本金及最后 1 期利息。

(3)转换比例或转换价格。转换比例是指一定面额可转换债券可转换成普通股票的股数。用公式表示为：

$$转换比例=\frac{可转换债券面值}{转换价格}$$

转换价格是指可转换债券转换为每股普通股份所支付的价格。用公式表示为：

$$转换价格=\frac{可转换债券面值}{转换比例}$$

(4)赎回条款与回售条款。赎回是指发行人在发行一段时间后，可以提前赎回未到期的发行在外的可转换公司债券。

赎回条件一般是当公司股票在一段时间内连续高于转换价格达到一定幅度时，公司可按照事先约定的赎回价格买回发行在外尚未转股的可转换公司债券。

回售是指公司股票在一段时间内连续低于转换价格达到某一幅度时，可转换公司债券持有人按事先约定的价格将所持可转换债券卖给发行人的行为。

赎回条款和回售条款是可转换债券在发行时规定的赎回行为和回售行为发生的具体市场条件。

(5)转换价格修正条款。转换价格修正是指发行公司在发行可转换债券后，由于公司尚未送股、配股、增发股票、分立、合并、拆细及其他原因导致发行人股份发生变动，引起公司股票名义价格下降时而对转换价格所做的必要调整。

3. 可转换债券的定价

可转换债券的价值包含债券价值和期权价值两部分，债券价值取决于可转换债券的纯债券价值和转换价值较大者，而期权价值是转换成股票的选择权价值。

(1)纯债券价值

如果不考虑可转换性的影响，我们可以把可转换债券视为一般的债券，可以采用普通债券定价方法——现金量贴现法，计算可转换债券纯债券价值部分，即不管可转换债券市场价格如何变化，发行者都定期支付利息和到期偿还本金。

$$PV=\sum_{t=1}^{n}\frac{I_t}{(1+r)^t}+\frac{M}{(1+r)^n} \tag{8-1}$$

其中：PV 为债券价格；I 为各期利息；M 为债券面值；r 为无风险利率；n 为债券期限。

(2)转换价值

转换价值是指可转换债券按市价兑换成股票的价值，即可转换债券兑换股票的数量和标的股票现价的乘积。转换价值的计算公式为：

$$\text{转换价值}=\text{普通股票市场价格}\times\text{转股比例}$$

$$\text{转股比例}=\frac{\text{单位可转换债券面值}}{\text{转股价格}}$$

当转股比例或转股价格未作调整时，转换价值的变化与标的股票市场价格走势密切相关，即转换价值的变化趋势实际上就是标的股票价格的变化趋势。由此可见，转换价值波动主要取决于股票价格变化。当可转换债券价格低于转换价值时，投资者购入可转换债券并用来兑换该公司股票，然后将该股票售出，这样投资者可以从中获利，这种套利的结果是可转换债券的市场价格总趋向于大于转换价值。

(3)期权价值

可转换债券的价值通常会超过纯粹的债券价值和转换价值。投资者之所以愿意支付这部分额外的费用，是因为他们预期随着时间的推移和市场价格的变动，自己能在纯债券价值和转换价值之间进行比较，选择有利于自己的策略，即可转换债券具有期权价值。本次实验运用 Black-Scholes 模型计算可转换债券期权价值。

以欧式看涨期权为例，期权的计算公式为：

$$c=S_0N(d_1)-Ke^{-rT}N(d_2)$$

$$p=Ke^{-rT}N(-d_2)-S_0N(-d_1)$$

$$d_1=\frac{\ln(S_0/K)+(r+\sigma^2/2)T}{\sigma\sqrt{T}}$$

$$d_2=\frac{\ln(S_0/K)+(r-\sigma^2/)T}{\sigma\sqrt{T}}=d_1-\sigma\sqrt{T} \tag{8-2}$$

其中：r 为无风险利率；σ 为金融资产收益的标准差；$N(d)$为累积正态分布函数；S 为现在的标的资产价格；K 为敲定价格(协定价格)；T 为至到期日的时间；C 为看涨期权的价格；P 为看跌期权的价格。

综上所述，我们可以得出可转换债券价值的公式为：

$$\text{可转换债券价值}=\text{Max}(\text{纯债券价值},\text{转换价值})+\text{期权价值}$$

在本次实验中，我们假定可转换债券包含的期权是欧式期权，用纯债券价值加上期权价值给可转换债券定价，这是一种简便的处理方法。实际上，随着可转换债券不断转换股票，公司的股本会扩大，对公司的股权有稀释作用，也应该考虑到定价中。此外，可转换债券一般还包含回售和回购等复杂条款，也相当于给予可转债持有者或者发行公司一种期权。所以，在给可转换债券定价方面，有其他更加复杂的方法。

四、实验操作要点指导

1. 可转换债券的基本资料和数据取得

通过和讯网或者前面实验使用的交易行情软件，都可以方便地查到可转换债券的情况。比如，使用交易软件查询。在“分类——沪深债券——可转债”中可以查到目前证券市场上交易的可转换债券。点击某可转换债券可以查看其价格走势，在价格走势界面下，按下 F10 键可以查看该可转换债券的基本数据和信息（见图 8—1）。

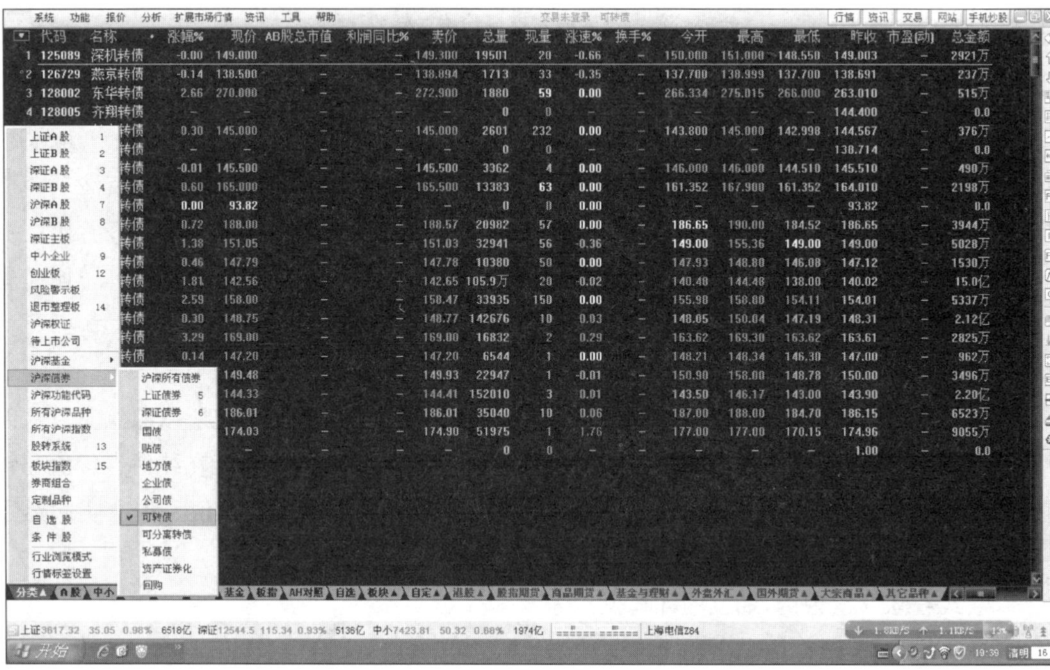

图 8—1　交易软件中的沪深市场的可转换债券

2. 标的股票的年波动率

取得某可转换债券的标的股票的日交易价格数据，利用价格数据计算该股票日收益率数据。利用日收益率数据进行统计，可以得到该股票的日收益率的标准差。此问题在实验二中已经解决，可具体参见实验二的相关部分。需要注意的是，统计得出的该股票日收益率数据的标准差需要换算成年标准差，换算公式是：

$$\boldsymbol{\sigma}=s\cdot\sqrt{T} \tag{8—3}$$

通过该公式，将日收益率的标准差 s 换算成年波动率，T 为一年的天数。这里建议取一年的交易日数量，大约 250 个交易日。

3. 无风险收益率

无风险利率是指金融市场上无风险的年收益率。当有成熟的同业拆借市场时，可以用同业拆借市场的利率作为无风险利率。在我国，利率还未完全市场化，同业拆借市场也有待充分发展。在实践中，我们可以取国债利率或银行定期存款利率近似作为无风险利率。

在本实验中，为了方便，可选银行定期存款的利率作为无风险收益率，但应知道，这是一种近似的取法。由于在期权的定价公式中，利率是以连续复利形式表达的，所以还应该将所取的无风险利率转换为连续复利。比如，如果无风险利率取 1 年期定期存款利率，那么，换算成连续复利的公式为：

$$R_c = \mathrm{Ln}(1 + R_m) \tag{8-4}$$

其中，R_m 为普通年计复利，R_c 为连续复利。

4. 计算期权的价值

在取得期权价值计算所需要的各参数后，可以用 Excel 软件计算期权的价值，也可以使用其他软件计算。在 Excel 中，计算 $N(d)$——累积正态分布函数时，可以使用 Excel 软件的函数 Normsdist()，直接计算出正态分布累积分布的数值(见图 8—2)。

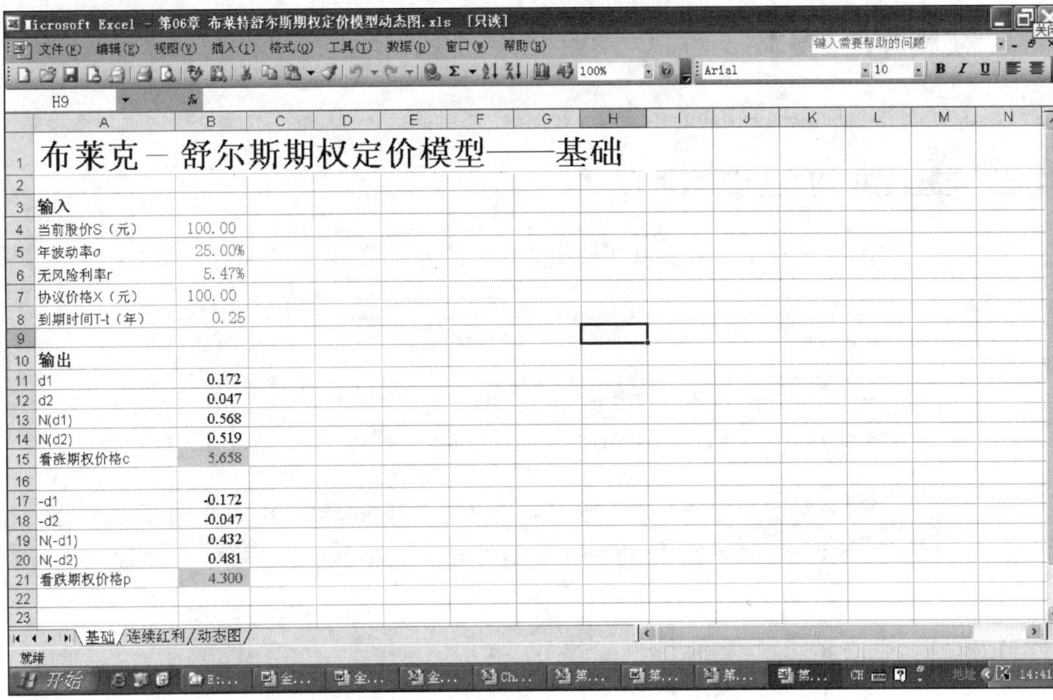

图 8—2　B-S 模型计算期权的价值

五、总结与思考

根据实验结果，你计算的可转换债券的投资价值怎样？

附：实验报告实例 8－1

金融工程专业实验报告(八)

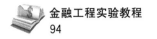

实验名称＿＿期权定价的 B-S 模型方法——以可转换债券为例＿＿

实验日期＿＿年＿＿月＿＿日　　指导教师＿＿＿＿

专业班级＿＿＿＿姓名＿＿＿＿学号＿＿＿＿

一、实验目的

(该部分内容与前面内容雷同，故省略。)

二、实验内容及要求

(该部分内容与前面内容雷同，故省略。)

三、实验结果(可在后面附页)

在本次实验中，我选择中海发展可转换债券作为研究对象，它的有关资料如下：

基本资料　　更多>>

发行额(亿元)	39.50	发行价(元)	100.00	期限(年)	6
每年付息	8.10	转换期间	2011.8.1-2017.8.1	到期日	2017-08-01
初始转股价(元)	8.7000	最新转股价(元)	8.60	转股比例(%)	11.60
转股价值(元)	55.56	转股溢价率(%)	67.46	纯债价格(元)	93.0892

债券关联股票　　更多>>

中海发展(600026)　最新价：4.12 | 今开：4.09 | 昨收：4.12 | 成交量：217.93

第一遍：

1. 债券的理论价格计算

从上述表格可知，中海发展可转换债券一年付息一次，最新转股价 8.60 元，到期日 2017 年 8 月 1 日，假设现在是 2014 年 5 月 28 日，剩余期限为 3.178 年。

首年利率	0.5
每年增加百分点	0.20000000
计息日	2011-08-01T00:00:00+08:00
到期日	2017-08-01
每年付息日	8.1
转股折扣率	0.00000000
回售价格(元)	0.0000
主承销商	中国国际金融有限公司
担保人	
转换期间	2011.8.1-2017.8.1
到期赎回日	
上市公布日	2011-08-10
上市起始日	2011-08-12
上市终止日	2017-08-01
上市推荐日	2011-08-12
上市地	沪市
发行企业	中海发展股份有限公司
初始转股价	8.7000
其他	
备注	第一年0.5%、第二年0.7%、第三年0.9%、第四年1.3%、第五年1.6%、第六年2.0%。
上市推荐人	中国国际金融有限公司

上面的表格告诉我们，2012 年票面利率为 0.5%，2013 年为 0.7%，2014 年为 0.9%，2015 年为 1.3%，2016 年为 1.6%，2017 年为 2.0%。

银行利率表　▷▷更多

存款利率表　贷款利率表　金融机构存款准备金率表

品种	调整前年利率	调整后年利率
活期	0.40%	0.35%
三个月	2.85%	2.60%
半年	3.05%	2.80%
一年	3.25%	3.00%
二年	4.10%	3.75%
三年	4.65%	4.25%
五年	5.10%	4.75%

调整日期：2012-07-06

取 5 年期银行存款利率为中海发展可转换债券的贴现率，故取调整后的 5 年期存款年利率 4.75%作为贴现率。转化为连续复利为 $r=\ln(1+4.75\%)=0.046406\approx4.64\%$。

故债券的理论价格为：

$$
\begin{aligned}
P &= 0.9\times \mathrm{Exp}(-0.0464\times0.178)+1.3\times \mathrm{Exp}(-0.0464\times1.178)\\
&\quad +1.6\times \mathrm{Exp}(-0.0464\times2.178)+102\times \mathrm{Exp}(-0.0464\times3.178)\\
&=91.585
\end{aligned}
$$

2. 期权价格计算

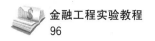

可转换债券的标的股票是中海发展，故通过有关交易软件可查询中海发展的日K线图，并且取2012年8月30日到现在(2014年5月28日)的收盘价来计算日波动率，计算结果如下：

平均	−9.7E−05
标准误差	0.001064
中位数	−0.00206
众数	0
标准差	0.02173
方差	0.000472
峰度	4.484114
偏度	0.88096
区域	0.171656
最小值	−0.07555
最大值	0.096107
求和	−0.04034
观测数	417
最大(1)	0.096107
最小(1)	−0.07555
置信度(95.0%)	0.002092

然后将日波动率转化为年波动率：

$\delta=0.02173\times\sqrt{252}=0.3450=34.50\%$

以欧式看涨期权为例：

$$c=S_0N(d_1)-Ke^{-rT}N(d_2)$$

$$p=Ke^{-rT}N(-d_2)-S_0N(-d_1)$$

$$d_1=\frac{\ln(S_0/K)+(r+\sigma^2/2)T}{\sigma\sqrt{T}}$$

$$d_2=\frac{\ln(S_0/K)+(r-\sigma^2/2)T}{\sigma\sqrt{T}}=d_1-\sigma\sqrt{T}$$

其中：r为连续无风险利率；σ为金融资产收益的离散度；$N(d)$为累积正态分布函数；S为现在的标的资产价格；K为敲定价格(协定价格)；T为至到期日的时间；c为看涨期权的价格；P为看跌期权的价格。

公式中的$r=\ln(1+3\%)=2.96\%$，$\sigma=0.3450$，$S=4.13$(今天的收盘价)，$K=8.60$，$T=3.178$。

所以：

$$d_1=\frac{\ln(s_0/K)+(r+\sigma^2/2)T}{\sigma\sqrt{T}}=\frac{\ln(4.13/8.60)+(0.0296+0.3450\wedge 2/2)\times 3.178}{0.3450\times\sqrt{3.178}}$$

$$=-0.7321$$

$$d_2=\frac{\ln(s_0/K)+(r-\sigma^2/2)T}{\sigma\sqrt{T}}=d_1-\sigma\sqrt{T}=-0.7321-0.3450\times\sqrt{3.178}$$

$$=-1.3471$$

经查表计算得：$N(-0.7321)=0.2321$，$N(-1.3471)=0.0890$

故看涨期权价格为：

$$c=S_0N(d_1)-K\times e^{-rT}\times N(d_2)=4.13\times 0.2321-8.60\times e^{-0.0296\times 3.178}\times 0.0890$$
$$=0.2619(\text{元/股})$$

又一份中海发展可转换债券可转换为 100/8.60=11.63(股)，故一份可转换债券的期权价格为：0.2619×11.63=3.046(元)。

所以中海发展可转换债券的投资价值为：91.585+3.046=94.631(元)。

第二遍：

到期日 2017 年 8 月 1 日，假定现在是 2014 年 2 月 12 日，剩余期限为 3.47 年。

1. 债券的理论价格计算

$$P=0.9\times \text{Exp}(-0.0464\times 0.47)+1.3\times \text{Exp}(-0.0464\times 1.47)$$
$$+1.6\times \text{Exp}(-0.0464\times 2.47)+102\times \text{Exp}(-0.0464\times 3.47)$$
$$=90.353$$

2. 期权价格计算

根据第一遍得到的数据，可得期权价格为：

公式中的 $r=\ln(1+3\%)=2.96\%$，$\sigma=0.3450$，$S=4.41$(今天的收盘价)，$K=8.60$，$T=3.47$。

所以：

$$d_1=\frac{\ln(s_0/K)+(r+\sigma^2/2)T}{\sigma\sqrt{T}}=\frac{\ln(4.41/8.60)+(0.0296+0.3450\wedge 2/2)\times 3.47}{0.3450\times\sqrt{3.47}}$$
$$=-0.5581$$

$$d_2=\frac{\ln(s_0/K)+(r-\sigma^2/2)T}{\sigma\sqrt{T}}=d_1-\sigma\sqrt{T}=-0.5581-0.3450\times\sqrt{3.47}$$
$$=-1.2008$$

经查表计算得：$N(-0.5581)=0.2884$，$N(-1.2008)=0.1149$

故看涨期权价格为：

$$c=S_0N(d_1)-K\times e^{-rT}\times N(d_2)=4.41\times 0.2884-8.60\times e^{-0.0296\times 3.47}\times 0.1149$$
$$=0.3802(\text{元/股})$$

又一份中海发展可转换债券可转换为 100/8.60=11.63(股)，故一份可转换债券的期权价格为：0.3802×11.63=4.422(元)。

所以中海发展可转换债券的投资价值为：90.353+4.422=94.775(元)。

第三遍：

到期日 2017 年 8 月 1 日，假定现在是 2013 年 5 月 28 日，剩余期限为 4.178 年。

1. 债券的理论价格计算

$$P=0.7\times \text{Exp}(-0.0464\times 0.178)+0.9\times \text{Exp}(-0.0464\times 1.178)+1.3\times \text{Exp}$$
$$(-0.0464\times 2.178)+1.6\times \text{Exp}(-0.0464\times 3.178)+102\times \text{Exp}(-0.0464\times 4.178)$$
$$=88.127$$

2. 期权价格计算

根据第一遍得到的数据，可得期权价格为：

公式中的 $r=\ln(1+3\%)=2.96\%$，$\sigma=0.3450$，$S=4.37$(今天的收盘价)，$K=8.60$，$T=4.178$。

所以：

$$d_1=\frac{\ln(s_0/K)+(r+\sigma^2/2)T}{\sigma\sqrt{T}}=\frac{\ln(4.37/8.60)+(0.0296+0.3450\wedge 2/2)\times 4.178}{0.3450\times\sqrt{4.178}}$$

$$=-0.4321$$

$$d_2=\frac{\ln(s_0/K)+(r-\sigma^2/2)T}{\sigma\sqrt{T}}=d_1-\sigma\sqrt{T}=-0.4321-0.3450\times\sqrt{4.178}$$

$$=-1.1373$$

经查表计算得：$N(-0.4321)=0.3328$，$N(-1.1373)=0.1277$

故看涨期权价格为：

$$c=S_0N(d_1)-K\times e^{-rT}\times N(d_2)=4.37\times 0.3328-8.60\times e^{-0.0296\times 4.178}\times 0.1277$$

$$=0.4839(元/股)$$

又一份中海发展可转换债券可转换为 100/8.60=11.63(股)，故一份可转换债券的期权价格为：0.4839×11.63=5.628(元)。

所以中海发展可转换债券的投资价值为：88.127+5.628=93.755(元)。

第四遍：

到期日 2017 年 8 月 1 日，假定现在是 2013 年 3 月 4 日，剩余期限为 4.41 年。

1. 债券的理论价格计算

$$P=0.7\times\mathrm{Exp}(-0.0464\times 0.41)+0.9\times\mathrm{Exp}(-0.0464\times 1.41)+1.3\times\mathrm{Exp}(-0.0464\times 2.41)+1.6\times\mathrm{Exp}(-0.0464\times 3.41)+102\times\mathrm{Exp}(-0.0464\times 4.41)$$

$$=87.183$$

2. 期权价格计算

根据第一遍得到的数据，可得期权价格为：

公式中的 $r=\ln(1+3\%)=2.96\%$，$\sigma=0.3450$，$S=4.52$(今天的收盘价)，$K=8.60$，$T=4.41$。

所以：

$$d_1=\frac{\ln(s_0/K)+(r+\sigma^2/2)T}{\sigma\sqrt{T}}=\frac{\ln(4.52/8.60)+(0.0296+0.3450\wedge 2/2)\times 4.41}{0.3450\times\sqrt{4.41}}$$

$$=-0.3454$$

$$d_2=\frac{\ln(s_0/K)+(r-\sigma^2/2)T}{\sigma\sqrt{T}}=d_1-\sigma\sqrt{T}=-0.3454-0.3450\times\sqrt{4.41}$$

$$=-1.0699$$

经查表计算得：$N(-0.3454)=0.3649$，$N(-1.0699)=0.1423$

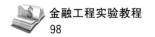

故看涨期权价格为：

$c=S_0N(d_1)-K\times e^{-rT}\times N(d_2)=4.52\times 0.3649-8.60\times e^{-0.0296\times 4.41}\times 0.1423$

$=0.5753$(元/股)

又一份中海发展可转换债券可转换为100/8.60=11.63(股)，故一份可转换债券的期权价格为：0.5753×11.63=6.691(元)。

所以中海发展可转债的投资价值为：87.183+6.691=93.874(元)。

第五遍：

到期日2017年8月1日，假定现在是2013年2月25日，剩余期限为4.43年。

1. 债券的理论价格计算

$P=0.7\times \mathrm{Exp}(-0.0464\times 0.43)+0.9\times \mathrm{Exp}(-0.0464\times 1.43)+1.3\times \mathrm{Exp}(-0.0464\times 2.43)+1.6\times \mathrm{Exp}(-0.0464\times 3.43)+102\times \mathrm{Exp}(-0.0464\times 4.43)$

$=87.103$

2. 期权价格计算

根据第一遍得到的数据，可得期权价格为：

公式中的$r=\ln(1+3\%)=2.96\%$，$\sigma=0.3450$，$S=4.64$(今天的收盘价)，$K=8.60$，$T=4.43$。

所以：

$$d_1=\frac{\ln(s_0/K)+(r+\sigma^2/2)T}{\sigma\sqrt{T}}=\frac{\ln(4.64/8.60)+(0.0296+0.3450\wedge 2/2)\times 4.43}{0.3450\times\sqrt{4.43}}$$

$$=-0.3061$$

$$d_2=\frac{\ln(s_0/K)+(r-\sigma^2/2)T}{\sigma\sqrt{T}}=d_1-\sigma\sqrt{T}=-0.3061-0.3450\times\sqrt{4.43}$$

$$=-1.0322$$

经查表计算得：$N(-0.3061)=0.3798$，$N(-1.0322)=0.1510$

故看涨期权价格为：

$c=S_0N(d_1)-K\times e^{-rT}\times N(d_2)=4.64\times 0.3798-8.60\times e^{-0.0296\times 4.43}\times 0.1510$

$=0.6233$(元/股)

又一份中海发展可转换债券可转换为100/8.60=11.63(股)，故一份可转换债券的期权价格为：0.6233×11.63=7.249(元)。

所以中海发展可转换债券的投资价值为：87.103+7.249=94.352(元)。

四、总结与思考

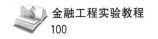

根据实验结果,你计算的可转换债券的投资价值怎样?

答:经过计算,中海发展的可转换债券理论价格比市场价格低,表明该可转换债券目前投资价值不高。

这次的实验让我真实地运用了 B-S 模型进行期权定价,以前只是在课本上接触过 B-S 模型,当时觉得这个模型计算起来好复杂。但现在在计算机上操作过后,终于明白了为什么该模型以及它的一些变形已被期权交易商、投资银行、金融管理者、保险人等广泛使用,因为通过该模型计算出来的价格确实更有信服力。实验课让我提高了手动操作软件、数量化分析与解决问题的能力,也让我把课堂知识与实际应用联系起来,达到学以致用的目的。总之,实验课的经验锤炼了我发现问题的眼光,丰富了我分析问题的思路,让我受益匪浅。

附:实验报告实例8—2

金融工程专业实验报告(八)

实验名称　期权定价的B-S模型方法——以可转换债券为例

实验日期____年____月____日　　　　指导教师________

专业班级________姓名________学号________

一、实验目的

(该部分内容与前面内容雷同,故省略。)

二、实验内容及要求

(该部分内容与前面内容雷同,故省略。)

三、实验结果(可在后面附页)

在本次实验中,我选择东华软件(002065)可转换债券作为研究对象,它的有关资料如下:

债券名称	东华软件股份公司可转换公司债券		
债券简称	东华转债	债券代码	128002
发行额(亿元)	10.00	发行价(元)	100.000
发行方式	协议发行,上网定价发行,向原股东配售	期限(年)	6.00
发行票面利率(%)	0.50	上市场所	深交所
计息日	2013-07-26	到期日	2019-07-26
发行起始日	2013-07-26	发行截止日	2013-07-26
发行单位	东华软件股份公司	还本付息方式	按年付息
到期收益率(%)	-8.35	剩余期限(年)	5.3479
发行对象	(1)在中国证券登记结算有限责任公司开立A股证券账户的社会公众投资者。(2)在中国证券登记结算有限责任公司开立A股证券账户的机构投资者。(3)在中国证券登记结算有限责任公司登记在册的发行人所有股东。		

每年付息	7.26	转换期间	2014.02.03-2019.07.25	到期日	2019-07-25
初始转股价(元)	23.7000	最新转股价(元)	11.70	转股比例(%)	NaN
转股价值(元)	NaN	转股溢价率(%)	NaN	纯债价格(元)	NaN

票面利率 第1~6年分别为0.5%、0.8%、1.1%、1.5%、1.5%、2.0%。

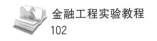

第一次(2014 年 5 月 28 日)：

从上述表格我们可知，东华可转换债券一年付息一次，最新转股价 23.6 元，到期日 2019 年 7 月 25 日，假定现在是 2014 年 5 月 28 日，剩余期限为 5.3479 年。

金融机构人民币存款基准利率

品种	调整前	调整后
活期	0.50	0.50
3 个月	2.85	2.60
半年	3.05	2.80
1 年	3.25	3.00
2 年	4.15	3.90
3 年	4.75	4.50
5 年	5.25	5.00

我取 5 年期调整后的存款年利率 5.00%作为贴现率。

转化为连续复利为：

$R(c)=\ln(1+5.00\%)=0.04879\approx 4.88\%$

故可转换债券的债券理论价格为：

$$P=0.5\times e^{-0.04879\times 0.3479}+0.8\times e^{-0.04879\times 1.3479}+1.1\times e^{-0.04879\times 2.3479}+1.5\times e^{-0.04879\times 3.3479}+1.5\times e^{-0.04879\times 4.3479}+102.0\times e^{-0.04879\times 5.3479}=83.3$$

期权的价格计算：

东华软件可转换债券的标的股票是东华软件，所以我截取了 2012 年 6 月 20 日至今的收盘价计算收益率。

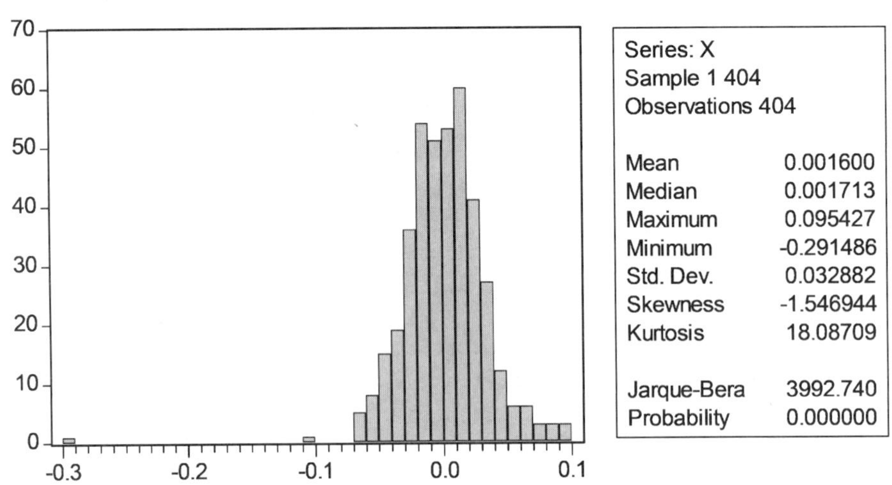

得出收益率的标准差估计值为 0.0329。

然后将日波动率转化为年波动率：$\sigma=0.0329\times\sqrt{252}=0.52$

以欧式看涨期权为例：

$$c = S_0N(d_1) - Ke^{-rT}N(d_2)$$

$$p = Ke^{-rT}N(-d_2) - S_0N(-d_1)$$

$$d_1 = \frac{\ln(S_0/K) + (r+\sigma^2/2)T}{\sigma\sqrt{T}}$$

$$d_2 = \frac{\ln(S_0/K) + (r-\sigma^2/2)T}{\sigma\sqrt{T}} = d_1 - \sigma\sqrt{T}$$

其中：r 为连续无风险利率；σ 为金融资产收益的离散度；$N(d)$为累积正态分布函数；S 为现在的标的资产价格；K 为敲定价格(协定价格)；T 为至到期日的时间；c 为看涨期权的价格；P 为看跌期权的价格。

公式中的 $r=\ln(1+3\%)=2.96\%$，$\sigma=0.52$，$S=40.86$(今天的收盘价)，$K=23.6$，$T=5.3749$。

所以：

$$d_1 = \frac{\ln(s_0/k)+(r+\sigma^2/2)\times T}{\sigma\sqrt{T}} = \frac{\ln(40.86/23.6)+(0.0296+0.52^2/2)\times 5.3749}{0.52\times\sqrt{5.3749}}$$

$$=1.19$$

$$d_2 = d_1 - \sigma\times\sqrt{T} = 1.19 - 0.52\times\sqrt{5.3749}$$

$$=-0.016$$

经查表计算得：$N(1.19)=0.883$，$N(-0.016)=0.492$

故看涨期权价格：

$$c = S_0N(d_1) - K\times e^{-rT}\times N(d_2) = 40.86\times 0.883 - 23.6\times e^{-0.0296\times 5.3749}\times 0.492$$

$$=26.17(\text{元/股})$$

又一份东华可转换债券可转换 100/23.6＝4.24(股)，故一份可转换债券的期权价格为 26.17×4.24＝110.96(元)，所以东华可转换债券的投资价值为 83.3＋110.96＝194.26(元)。

而当日东华可转换债券的市场价值为 172.941 元，低于投资价值时，说明被低估，应买进。

第二次(2014 年 5 月 29 日)：

$r=\ln(1+3\%)=2.96\%$，$\sigma=0.52$，$S=41.30$，$K=23.6$，$T=5.3721$

可转换债券的债券理论价格为：

$$P = 0.5\times e^{-0.04879\times 0.3721} + 0.8\times e^{-0.04879\times 1.3721} + 1.1\times e^{-0.04879\times 2.3721} + 1.5\times e^{-0.04879\times 3.3721}$$
$$+1.5\times e^{-0.04879\times 4.3721} + 102.0\times e^{-0.04879\times 5.3721}$$
$$=83.19$$

$$d_1 = \frac{\ln(s_0/k)+(r+\sigma^2/2)\times T}{\sigma\sqrt{T}} = \frac{\ln(41.3/23.6)+(0.0296+0.52^2/2)\times 5.3721}{0.52\times\sqrt{5.3721}}$$

$$=1.2$$

$$d_2 = d_1 - \sigma\times\sqrt{T} = 1.2 - 0.52\times\sqrt{5.3721}$$

$$=-0.005$$

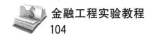

经查表计算得：$N(1.2)=0.8849, N(-0.005)=0.5$

故看涨期权价格为：

$$c=S_0N(d_1)-K\times e^{-rT}\times N(d_2)=41.3\times 0.8849-23.6\times e^{-0.0296\times 5.3721}\times 0.5$$
$$=26.48(\text{元/股})$$

又一份东华可转换债券可转换 100/23.6＝4.24(股)，故一份可转换债券的期权价格为 26.48×4.24＝112.28(元)，所以东华可转债的投资价值为 83.19＋112.28＝195.47(元)。

而当日东华可转换债券的市场价值为 175.962 元，低于投资价值时，说明被低估，应买进。

第三次(2014 年 5 月 21 日)：

$r=\ln(1+3\%)=2.96\%, \sigma=0.52, S=35.5, K=23.6, T=5.3943$

可转换债券的债券理论价格为：

$$P=0.5\times e^{-0.04879\times 0.3943}+0.8\times e^{-0.04879\times 1.3943}+1.1\times e^{-0.04879\times 2.3943}+1.5\times e^{-0.04879\times 3.3943}$$
$$+1.5\times e^{-0.04879\times 4.3943}+102.0\times e^{-0.04879\times 5.3943}$$
$$=83.1$$

$$d_1=\frac{\ln(s_0/k)+(r+\sigma^2/2)\times T}{\sigma\sqrt{T}}=\frac{\ln(35.5/23.6)+(0.0296+0.52^2/2)\times 5.3943}{0.52\times\sqrt{5.3943}}$$
$$=1.07$$

$$d_2=d_1-\sigma\times\sqrt{T}=1.07-0.52\times\sqrt{5.3943}$$
$$=-0.14$$

经查表计算得：$N(1.07)=0.8577, N(-0.14)=0.4443$

故看涨期权价格为：

$$c=S_0N(d_1)-K\times e^{-rT}\times N(d_2)=35.5\times 0.8577-23.6\times e^{-0.0296\times 5.3943}\times 0.4443$$
$$=21.51(\text{元/股})$$

又一份东华可转换债券可转换 100/23.6＝4.24(股)，故一份可转换债券的期权价格为 21.51×4.24＝91.2(元)，所以东华可转换债券的投资价值为 83.1＋91.2＝174.3(元)。

而当日东华可转换债券的市场价值为 149.211 元，低于投资价值时，说明被低估，应买进。

第四次(2014 年 5 月 14 日)：

$r=\ln(1+3\%)=2.96\%, \sigma=0.52, S=35.13, K=23.6, T=5.3868$

可转换债券的债券理论价格为：

$$P=0.5\times e^{-0.04879\times 0.3868}+0.8\times e^{-0.04879\times 1.3868}+1.1\times e^{-0.04879\times 2.3868}+1.5\times e^{-0.04879\times 3.3868}$$
$$+1.5\times e^{-0.04879\times 4.3868}+102.0\times e^{-0.04879\times 5.3868}$$
$$=83.13$$

$$d_1=\frac{\ln(s_0/k)+(r+\sigma^2/2)\times T}{\sigma\sqrt{T}}=\frac{\ln(35.13/23.6)+(0.0296+0.52^2/2)\times 5.3868}{0.52\times\sqrt{5.3868}}$$
$$=1.07$$

$$d_2=d_1-\sigma\times\sqrt{T}=1.07-0.52\times\sqrt{5.3868}$$
$$=-0.14$$

经查表计算得：$N(1.07)=0.8577$，$N(-0.14)=0.4443$

故看涨期权价格为：

$$c=S_0N(d_1)-K\times e^{-rT}\times N(d_2)=35.13\times 0.8577-23.6\times e^{-0.0296\times 5.3868}\times 0.4443$$
$$=21.19(\text{元/股})$$

又一份东华可转换债券可转换 100/23.6=4.24(股)，故一份可转换债券的期权价格为 21.19×4.24=89.85(元)，所以东华可转换债券的投资价值为 83.13+89.85=172.98(元)。

而当日东华可转换债券的市场价值为 149.357 元，低于投资价值，说明被低估，应买进。

第五次(2014 年 5 月 7 日)：

$r=\ln(1+3\%)=2.96\%$，$\sigma=0.52$，$S=36.52$，$K=23.6$，$T=5.4062$

可转换债券的债券理论价格为：

$$P=0.5\times e^{-0.04879\times 0.4062}+0.8\times e^{-0.04879\times 1.4062}+1.1\times e^{-0.04879\times 2.4062}+1.5\times e^{-0.04879\times 3.4062}$$
$$+1.5\times e^{-0.04879\times 4.4062}+102.0\times e^{-0.04879\times 5.4062}$$
$$=83.05$$

$$d_1=\frac{\ln(s_0/k)+(r+\sigma^2/2)\times T}{\sigma\sqrt{T}}=\frac{\ln(36.52/23.6)+(0.0296+0.52^2/2)\times 5.4062}{0.52\times\sqrt{5.4062}}$$
$$=1.1$$

$$d_2=d_1-\sigma\times\sqrt{T}=1.1-0.52\times\sqrt{5.4062}$$
$$=-0.11$$

经查表计算得：$N(1.1)=0.8643$，$N(-0.11)=0.4562$

故看涨期权价格为：

$$c=S_0N(d_1)-K\times e^{-rT}\times N(d_2)=36.52\times 0.8643-23.6\times e^{-0.0296\times 5.4062}\times 0.4562$$
$$=22.39(\text{元/股})$$

又一份东华可转换债券可转换 100/23.6=4.24(股)，故一份可转换债券的期权价格为 22.39×4.24=94.93(元)，所以东华可转换债券的投资价值为 83.05+94.93=177.98(元)。

而当日东华可转换债券的市场价值为 156.001 元，低于投资价值时，说明被低估，应买进。

四、总结与思考

根据实验结果，你计算的可转换债券的投资价值怎样？

答：经过 5 次计算，东华可转换债券的理论价值均高于市场价格，说明其价值被低估，应该买进。该可转换债券有较大的投资价值。

实验项目九

期权定价的二叉树方法

一、实验目的

通过本次实验，熟悉所计算的期权的特点，查找计算所需的各参数，熟悉期权定价的二叉树方法，尝试用二叉树方法为期权定价。

二、实验内容及要求

1. 任选一只国内证券市场正在交易的期权产品，熟悉其价格波动特点

可以选择实验八中的可转换债券包含的期权进行计算，也可以选择一只正在交易的股指期权进行计算。

通过交易软件等平台查看期权的价格波动，查看期权的基本信息，找到期权计算的关键参数。

2. 确定该期权的标的，比如标的股票或标的指数，计算标的产品的波动率

以标的产品的收盘价日数据计算标的证券的收益率，根据收益率数据计算收益率的标准差，再换算成年波动率。

3. 利用二叉树方法，为期权定价

在期权存续期内，任选 5 个时间点，计算期权的价值。步数选择，至少取 10 步二叉树计算期权的价值。也可以尝试选择更多步数的二叉树进行计算。步数选择越多，理论上计算的准确性越高。

4. 实验报告要求

如果选择可转换债券包含的期权进行计算，在实验报告中，报告你的计算结果，并对本次实验和实验八的实验结果进行对比分析。

如果选择股指期权进行定价计算，讨论你计算的股指期权的投资价值。

三、实验背景与理论基础

在实验八中，已经对可转换债券进行了介绍。在本次实验中，主要介绍股指期权的相关内

容。如果选择计算可转换债券包含的期权，有关知识参见实验八的内容。

1. 上证 50ETF 股指期权介绍

2015 年 2 月 9 日，上海证券交易所上市上证 50ETF 期权，正式开启我国金融市场期权时代。上证 50ETF 期权标的资产是华夏上证 50ETF(510050)，即每张 50ETF 期权合约对应 10 000份华夏上证 50ETF。50ETF 期权的到期月份为当月、下月及随后两个季月，共 4 个月份。首批挂牌的期权合约到期月份为 2015 年 3 月、4 月、6 月和 9 月。50ETF 期权的最后交易日为到期月份的第四个星期三(遇法定节假日顺延)。上证 50ETF 期权的简介见表 9－1。

表 9－1 **上证 50ETF 期权合约简况**

50ETF 期权合约条款	具体内容
标的资产	上证 50ETF(510050)
履约方式	欧式(认购期权、认沽期权)
交割方式	实物交割
合约乘数	10 000 份/ 张
到期月份	当月、次月、后两个季月
最后交易日	每月第四个星期三
到期日	同最后交易日
行权日	同最后交易日
交收日	最后交易日后一交易日
初始合约	一平值期权，两虚值合约，两实值合约
最小变动单位	0.0001 元
交易时间	交易日 9:15～9:25、9:30～11:30、13:00～14:57、14:57～15:00

上证 50ETF 期权分为认购期权和认沽期权两种类型，认购期权就是买方花钱(期权费)获得一种行权价格买华夏上证 50ETF 的权利，卖方收钱(期权费)承担在期权买方提出行权要求时，以行权价格把华夏上证 50ETF 卖给期权买方的责任。认沽期权就是买方花钱(期权费)获得一种行权价格卖华夏上证 50ETF 的权利，卖方收钱(期权费)承担在期权买方提出行权要求时，以行权价格向期权买方收购华夏上证 50ETF 的责任。

无论是认购期权还是认沽期权，为确保期权卖方随时具备履约的能力，交易所对期权卖方实行每日盯市制度。就是期权的卖方要押一笔钱证明他随时具备履约的能力，这笔钱就是我们通常所说的保证金。当然，对于认购期权或认沽期权的买方而言，买入的是权利，可以行使，也可以放弃，不要求必须履约，不需要交保证金。

商品期权与指数期权不同的是，50ETF 期权涉及除权除息时的合约调整。即当 50ETF 除权除息导致价格变化时，交易所将在除权除息当日，对所有未到期合约的合约单位、行权价格进行调整，并对除权除息后的标的重新挂牌新的合约。

上证 50ETF 的交易代码较长，共有 17 位。合约交易代码包含合约标的、合约类型、到期月份、行权价格等要素。

举例：

510050C1501M02400 代码的含义如下：

第 1～6 位为数字，取标的证券代码，如 50ETF，取“510050”；第 7 位为 C(Call)或者

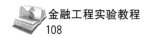

P(Put)，分别表示认购期权或者认沽期权；第 8、9 位表示到期年份：15；第 10、11 位表示到期月份：01；第 12 位期初设为“M”，表示月份合约。当合约首次调整后，“M”修改为“A”，以表示该合约被调整过一次，如再次发生调整，则“A”修改为“B”、“M”修改为“A”，以此类推；第 13～17 位表示期权行权价格，ETF 期权对应三位小数，即 2.400 元。

所以该交易代码表示，2015 年 1 月到期，行权价格为 2.400 元的 50ETF 认购期权。

2. 期权定价的二叉树模型

二叉树模型给期权定价，与 B-S 模型相比，二者各有特点。二叉树模型的优点是模型推导原理简单，且可以为美式期权定价。在本实验中，二叉树模型计算的理论和方法使用“期货与期权”课程教材（赫尔的《期货与期权市场导论》）中的公式。

$$f=[pf_u+(1-p)f_d]e^{-rT}$$

其中：

$$p=\frac{e^{rT}-d}{u-d}$$
$$u=e^{\sigma\sqrt{\Delta t}} \qquad (9-1)$$
$$d=1/u=e^{-\sigma\sqrt{\Delta t}}$$

其中：r 为无风险利率；σ 为金融资产收益的标准差；u 为每步二叉树资产价格上涨的幅度；d 为每步二叉树资产价格下跌的幅度；Δt 为每步二叉树的时间间隔；p 为风险中性下期权价格涨跌的概率；f 为期权的价格。

四、实验操作要点指导

如果选择计算可转换债券包含的期权，有关知识参见实验八的内容。这里介绍的是为上涨 50ETF 期权定价的操作要点。

1. 期权的基本资料和数据取得

在证券公司网站，一般可以下载到股指期权的交易软件，可以通过期权交易软件来获取上证 50ETF 股指期权的基本信息和参数数据。

下面以某股票期权软件为例进行说明。在“扩展市场行情——股票期权”中可以查到目前证券市场上交易的上证 50ETF 期权。点击某一具体期权品种，可以查看其价格走势，在价格走势界面下，按下 F10 键可以查看该期权的基本数据和信息（见图 9—1）。

2. 标的指数的年波动率

利用上证 50ETF 价格数据计算该股票日收益率数据。利用日收益率数据进行统计，可以得到该股票的日收益率的标准差，并将此日收益率数据的标准差转换为年收益率的标准差。该问题参见实验八的相关内容。

3. 无风险收益率

无风险利率的取值和转换为连续复利，该问题参见实验八的相关内容。

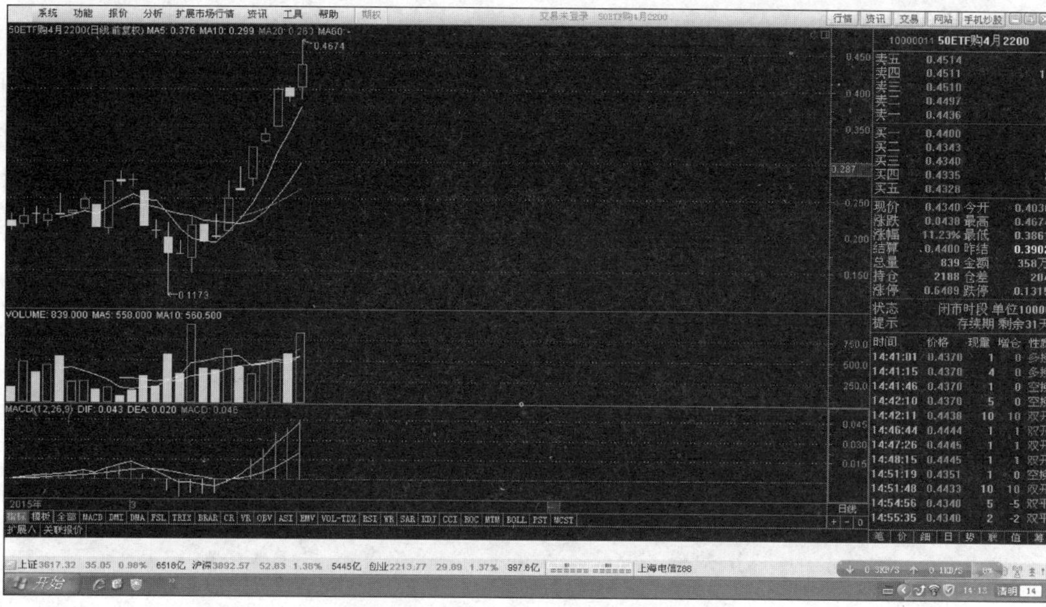

图 9—1　一只上证 50ETF 期权的走势

4. 利用二叉树方法计算期权的价值

可以在 Excel 软件中，建立二叉树的计算表格；也可以在 Vb 等高级语言环境下编写计算程序；还可以使用一些现成的软件，比如，《期货与期权市场导论》的作者赫尔，在 Excel 环境下，开发了一个现成的程序 DerivaGem，可以为各种衍生品定价，其中，包含二叉树方法为期权定价的计算（见图 9—2）。

图 9—2　Excel 中实现二叉树模型计算

五、总结与思考

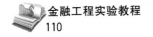

如果选择可转换债券包含的期权进行计算，对本次实验和实验八的实验结果进行分析，对比两种期权定价方法的计算结果有何差异，产生差异的原因是什么？

如果选择股指期权进行定价计算，讨论你计算的股指期权的投资价值。

附:实验报告实例 9－1

金融工程专业实验报告(九)

实验名称＿＿＿＿＿＿期权定价的二叉树方法＿＿＿＿＿＿

实验日期＿＿＿年＿＿＿月＿＿＿日　　　　指导教师＿＿＿＿＿＿

专业班级＿＿＿＿＿＿＿＿姓名＿＿＿＿＿＿＿学号＿＿＿＿＿＿＿

一、实验目的

(该部分内容与前面内容雷同,故省略。)

二、实验内容及要求

(该部分内容与前面内容雷同,故省略。)

三、实验结果(可在后面附页)

(1)选择歌华转债

(2)标的股票:歌华有线

标准差为 0.011522,转化为年标准差:$\sigma=\frac{s}{\sqrt{T}}=0.011522\div\sqrt{\frac{1}{365}}=0.2201$

(3)在期权存续期内,选择 5 个时点,分别为:2011 年 4 月 21 日,2011 年 6 月 21 日,2011 年 8 月 22 日,2011 年 10 月 21 日,2011 年 12 月 21 日。

$\sigma=0.1989,\Delta t=0.25,u=e^{\sigma\sqrt{\Delta t}}=1.1046,d=\frac{1}{u}=0.9053$

一年期定期存款利率 3.5%,转化为连续复利为 3.44%。

①2011 年 4 月 21 日:

股票价格:8.88;执行价格:7.28

利用 DerivaGem 软件,做出二叉树图形:

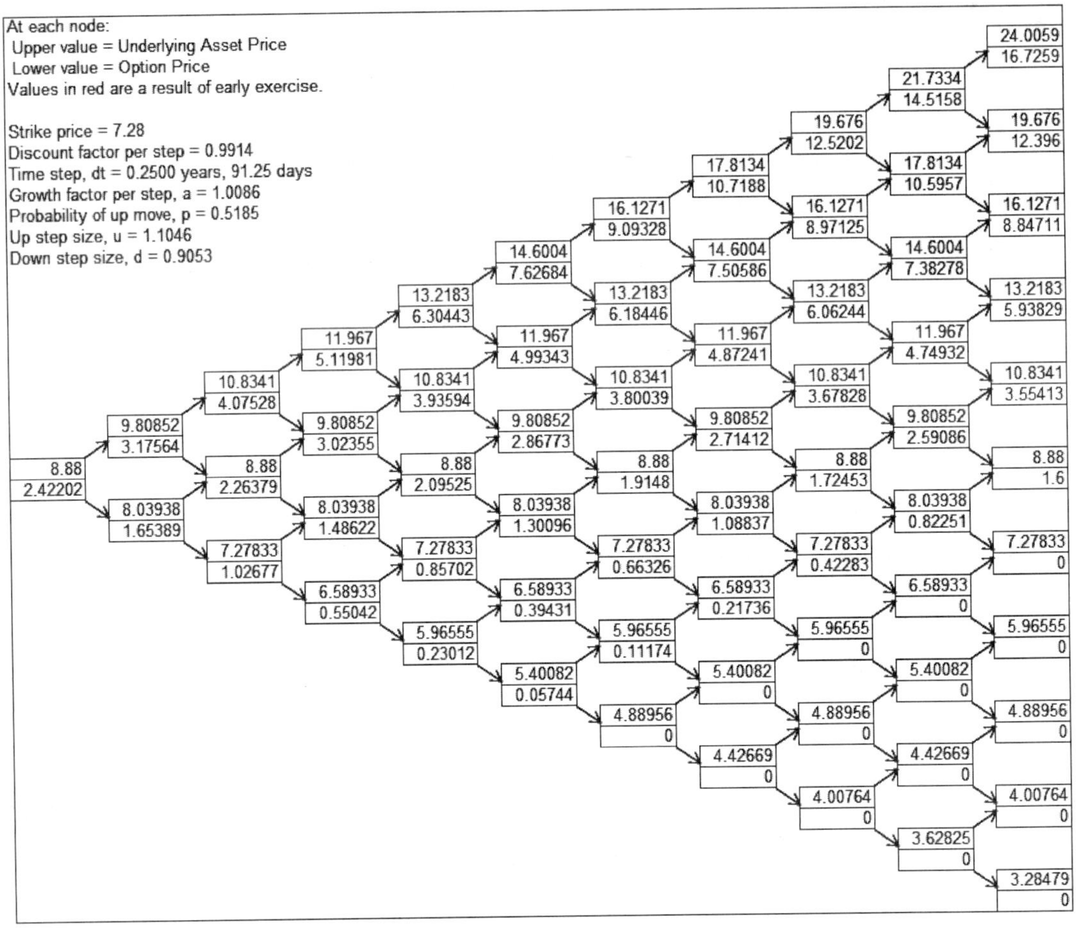

从图中的10步来看，可转换债券包含的看涨期权价值为2.42。

利用B-S模型，得：

$S=8.88, X=7.28, r=3\ln(1+5\%/3)=4.96\%, \sigma=0.1989, \Delta t=5.83$

$$d_1=\frac{\ln(S/X)+(r+\frac{\sigma^2}{2})\Delta t}{\sigma\sqrt{\Delta t}}=1.2559$$

$$d_2=\frac{\ln(S/X)+(r-\frac{\sigma^2}{2})\Delta t}{\sigma\sqrt{\Delta t}}=0.7757$$

查表得：$N(d_1)=0.8954, N(d_2)=0.7810$

$C=S\times N(d_1)-Xe^{-r\Delta t}N(d_2)=3.69$

因此，根据B-S模型计算的看涨期权价值为3.69。

②2011年6月21日：

股票价格：8.03；执行价格：7.28

利用DerivaGem软件，做出二叉树图形：

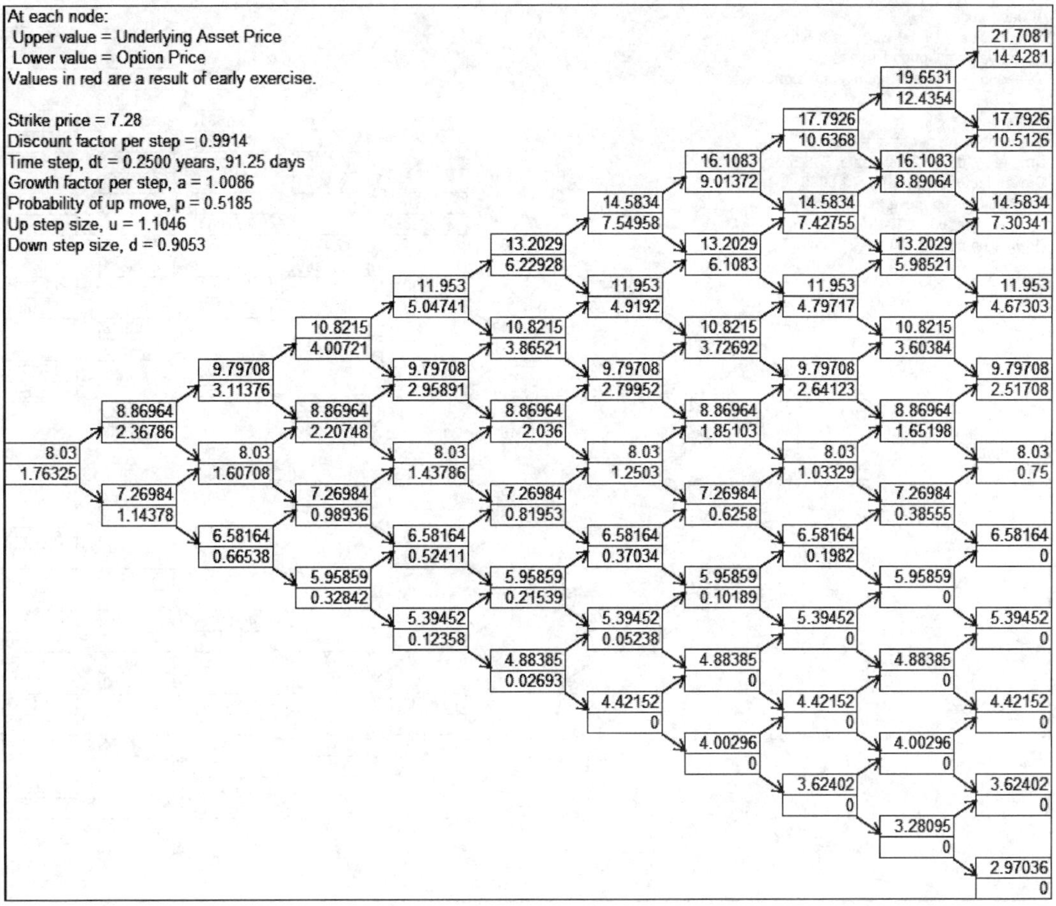

从图中的 10 步来看，可转换债券包含的看涨期权价值为 1.76。

利用 B-S 模型，得：

$S=8.03, X=7.28, r=3\ln(1+5\%/3)=4.96\%, \sigma=0.1989, \Delta t=5.67$

$$d_1=\frac{\ln(S/X)+(r+\frac{\sigma^2}{2})\Delta t}{\sigma\sqrt{\Delta t}}=1.0376$$

$$d_2=\frac{\ln(S/X)+(r-\frac{\sigma^2}{2})\Delta t}{\sigma\sqrt{\Delta t}}=0.5640$$

查表得：$N(d_1)=0.8503, N(d_2)=0.7136$

$C=S\times N(d_1)-Xe^{-r\Delta t}N(d_2)=2.91$

因此，根据 B-S 模型计算的看涨期权价值为 2.91。

③2011 年 8 月 22 日：

股票价格：6.98；执行价格：7.28

利用 DerivaGem 软件，做出二叉树图形：

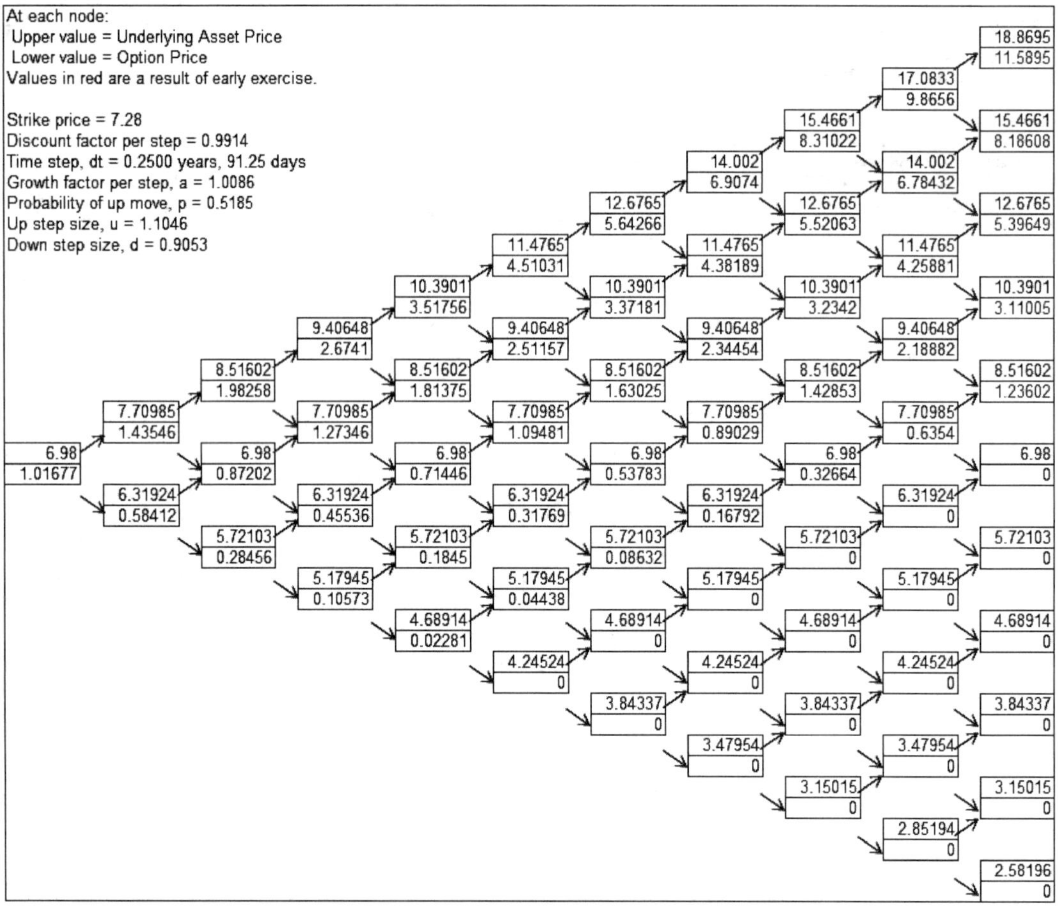

从图中的10步来看，可转换债券包含的看涨期权价值为1.02。

利用B-S模型，得：

$S=6.98, X=7.28, r=3\ln(1+5\%/3)=4.96\%, \sigma=0.1989, \Delta t=5.5$

$$d_1=\frac{\ln(S/X)+(r+\frac{\sigma^2}{2})\Delta t}{\sigma\sqrt{\Delta t}}=0.7278$$

$$d_2=\frac{\ln(S/X)+(r-\frac{\sigma^2}{2})\Delta t}{\sigma\sqrt{\Delta t}}=0.2614$$

查表得：$N(d_1)=0.7666, N(d_2)=0.6031$

$C=S\times N(d_1)-Xe^{-r\Delta t}N(d_2)=2.00$

因此，根据B-S模型计算的看涨期权价值为2.00。

④2011年10月21日：

股票价格：6.90；执行价格：7.28

利用DerivaGem软件，做出二叉树图形：

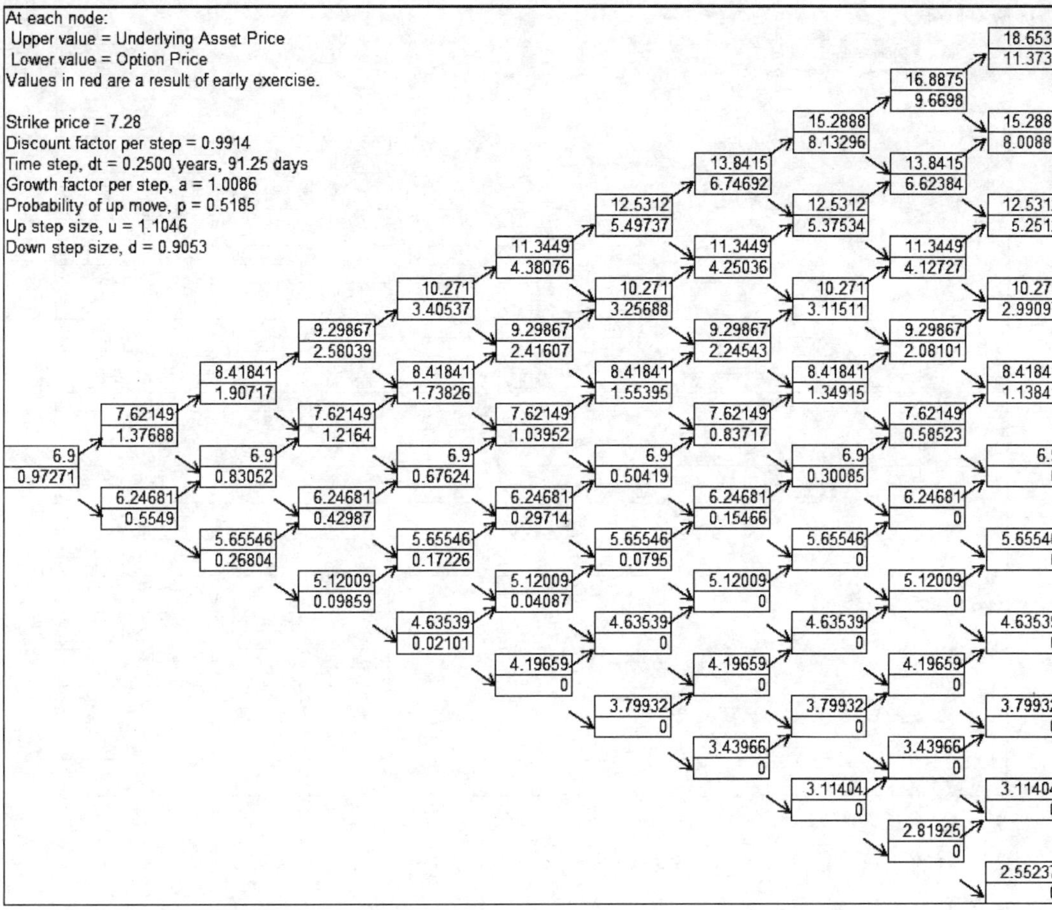

从图中的 10 步来看，可转换债券包含的看涨期权价值为 0.97。

利用 B-S 模型：

$S=6.90, X=7.28, r=3\ln(1+5\%/3)=4.96\%, \sigma=0.1989, \Delta t=5.33$

$$d_1=\frac{\ln(S/X)+(r+\frac{\sigma^2}{2})\Delta t}{\sigma\sqrt{\Delta t}}=0.6886$$

$$d_2=\frac{\ln(S/X)+(r-\frac{\sigma^2}{2})\Delta t}{\sigma\sqrt{\Delta t}}=0.2294$$

查表得：$N(d_1)=0.7545, N(d_2)=0.5907$

$C=S\times N(d_1)-Xe^{-r\Delta t}N(d_2)=1.90$

因此，根据 B-S 模型计算的看涨期权价值为 1.90。

⑤2011 年 12 月 21 日：

股票价格：7.11；执行价格：7.28

利用 DerivaGem 软件，做出二叉树图形：

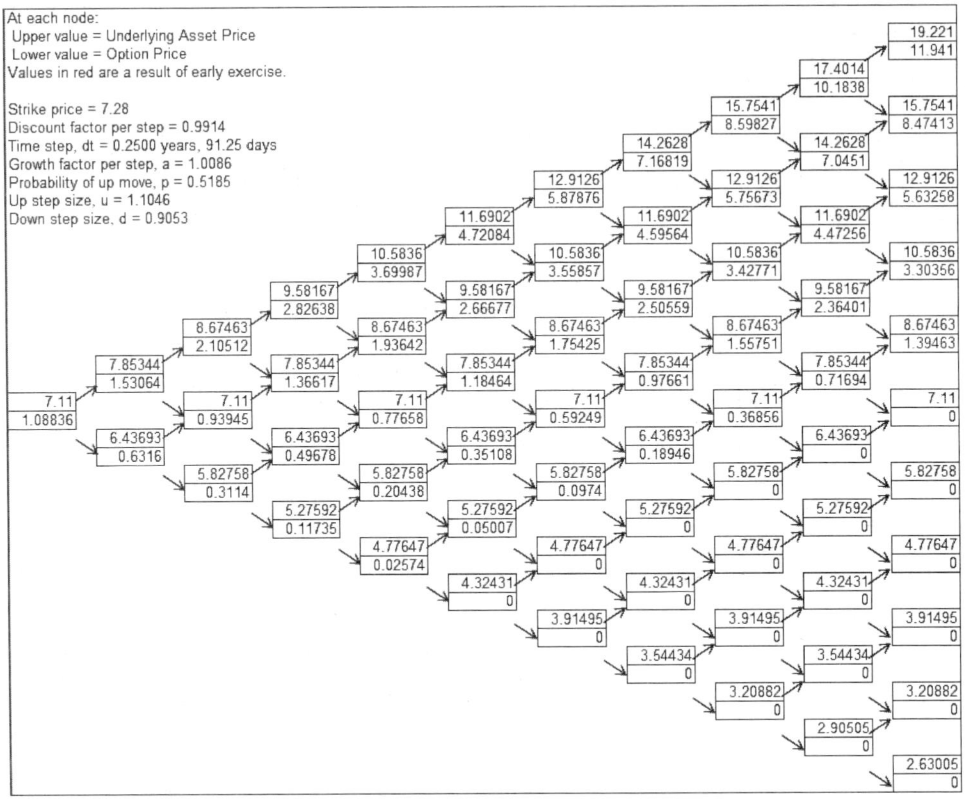

从图中的10步来看，可转换债券包含的看涨期权价值为1.09。

利用B-S模型，得：

$S=7.11, X=7.28, r=3\ln(1+5\%/3)=4.96\%, \sigma=0.1989, \Delta t=5.17$

$$d_1=\frac{\ln(S/X)+(r+\frac{\sigma^2}{2})\Delta t}{\sigma\sqrt{\Delta t}}=0.7409$$

$$d_2=\frac{\ln(S/X)+(r-\frac{\sigma^2}{2})\Delta t}{\sigma\sqrt{\Delta t}}=0.2886$$

查表得：$N(d_1)=0.7706, N(d_2)=0.6136$

$C=S\times N(d_1)-Xe^{-r\Delta t}N(d_2)=2.02$

因此，根据B-S模型计算的看涨期权价值为2.02。

四、总结与思考

根据以上五个时点分别用二叉树方法和B-S模型计算出的期权价值，可以看出用二叉树计算出来的数值与用B-S模型计算出来的数值有一定差异。这是因为利用B-S模型定价时是欧式期权，只能计算到期时执行期权的期权费，而利用二叉树方法定价时是美式期权，在期权到期前某一时刻，如果执行期权可以获得收益，那么持有人会提前执行，这使得二叉树定价在一步步向上推导的时候期权费可能为执行期权得到的收益，这点与欧式期权不同。

附:实验报告实例 9—2

金融工程专业实验报告(九)

实验名称　期权定价的二叉树方法

实验日期____年____月____日　　指导教师________

专业班级________姓名________学号________

一、实验目的

(该部分内容与前面内容雷同,故省略。)

二、实验内容及要求

(该部分内容与前面内容雷同,故省略。)

三、实验结果(可在后面附页)

我选择的可转换债券是中海转债,它的标的股票是中海发展。

中海转债的基本资料分析:

☆债券概况☆　◇110017 中海转债 更新日期:2012—04—06◇　港澳资讯 灵通 V5.0

1. 公司名称:中海发展股份有限公司
2. 证券简称:中海转债
3. 证券代码:110017
4. 行业类别:水上运输业
5. 发行日期:2011—08—01
6. 发行方式:原股东优先配售余额网下配售和网上发行
7. 发行数量(元):3 950 000 000.00
8. 老股东配售数量(元):2 051 483 000.00
9. 上网发行数量(元):28 347 000.00
10. 发行面值(元):100
11. 发行价格(元):100
12. 票面利率(%):第一年 0.5%,第二年 0.7%,第三年 0.9%,第四年 1.3%,第五年 1.6%,第六年 2.0%
13. 付息方式:每年付息一次
14. 期限(年):6
15. 转换期间:2012—02—02 至 2017—08—01
16. 上市地点:上海证券交易所
17. 上市日期:2011—08—12
18. 上市流通量(元):0.00
19. 公司地址:上海市浦东新区源深路 168 号

20. 法人代表:李绍德

21. 联系电话:86－21－65967742;86－21－65967165;86－21－65967160

22. 传真:86－21－65966160

23. 回售日期:

24. 回售条件:公司股票在任何连续 30 个交易日的收盘价格低于当期转股价的 70%;公司本次发行的 A 股可转债募集资金投资项目的实施情况与公司在募集说明书中的承诺情况相比出现重大变化。

25. 回售价格(元):面值加当期应计利息

26. 回售申请期:

27. 到期赎回日期:2017－08－01

28. 到期赎回价格(元):105.00

29. 提前赎回日期:－

30. 提前赎回条件:在转股期内,公司股票在任何连续 30 个交易日中至少 15 个交易日的收盘价格不低于当期转股价格的 130%(含 130%);本次发行的 A 股可转债未转股余额不足 3 000万元。

31. 提前赎回价格(元):面值加当期应计利息

32. 初始转股价格(元):8.70

33. 最新转股价格(元):8.70

利用中海发展 2010 年 1 月 4 日到 2012 年 5 月 14 日的股票收盘价,计算得到中海发展股票日收益率的标准差为 0.020731,则中海发展的年化标准差为:

$$\sigma=\frac{s}{\sqrt{T}}=0.020731\div\sqrt{(1\div365)}=0.3961$$

假定市场的无风险收益率为 5.76%,则在连续复利下的收益率为:

$R_c=\text{Ln}(1+R_m)=5.6\%$

1. 中海发展 2012 年 5 月 14 日的股价为 6.21 元。利用二叉树模型计算期权价值:

因为可转换债券的到期日还有差不多 5.205 年,我选择做 20 步。

$u=e^{\sigma\sqrt{\Delta t}}=e^{0.3961\sqrt{0.26}}=1.22$

$d=1/u=0.82$

$$p=\frac{e^{rT}-d}{u-d}=\frac{e^{0.056\times0.26}-0.82}{1.22-0.82}=0.4866$$

																				331.3509
																			271.599	322.6509
																		222.622242	263.02	222.7113
																	182.4772	214.1603	182.55	214.0113
																149.5715	174.1348	149.631343	173.97	149.6912
															122.5996	141.348	122.6486	141.17321	122.698	140.9912
														100.4915	114.49444	100.5317	114.3109	100.57189	114.12	100.6121
													82.37006	92.5035	82.403011	92.3134	82.43597	92.116321	82.4689	91.91212
												67.516445	74.498	67.5435	74.303101	67.5705	74.10135	67.597497	73.893	67.62454
											55.34135	59.75892	55.3635	59.5606	55.38563	59.3556	55.40778	59.143656	55.43	58.92454
										45.36176	47.6968	45.37991	47.4964	45.3981	47.28925	45.4162	47.07528	45.434383	46.854	45.45256
									37.18177	37.8314	37.1966	37.627	37.21152	37.4187	37.226407	37.2037	37.2413	36.9817	37.256	36.75256
								30.47686	29.7754	30.4891	29.5618	30.50125	29.3477	30.5134	29.132399	30.5257	28.91021	30.5378643	28.681	30.55008
							24.981	23.21924	24.991	22.9906	25.001	22.76205	25.011	22.5364	25.021028	22.3147	25.03104	22.085959	25.041	21.85008
						20.4763	17.9147	20.48445	17.6686	20.49264	17.4192	20.50084	17.1704	20.509	16.928614	20.5172	16.70091	20.52545	16.466	20.53366
					16.784	13.659	16.7905	13.39876	16.7972	13.1292	16.80397	12.85281	16.81069	12.575	16.817412	12.3073	16.82414	12.074068	16.8309	11.83366
				13.7572276	10.283	13.7627	10.0159	13.76824	9.73458	13.7737	9.43821	13.77925	9.12777	13.7848	8.8078225	13.7903	8.494656	13.795794	8.2562	13.80131
			11.276	7.6380948	11.281	7.376	11.2854	7.095807	11.29	6.79527	11.2945	6.471487	11.299	6.12128	11.303507	5.74262	11.30803	5.344764	11.3126	5.101312
		9.243	5.5969	9.2466612	5.3499	9.2504	5.0845	9.25406	4.79749	9.25776	4.48442	9.261465	4.13874	9.26517	3.7498549	9.26888	3.298304	9.27258293	2.738	9.276292
	7.5762	4.0454	7.5792	3.8221493	7.5823	3.5824	7.5853	3.323432	7.58833	3.04104	7.59136	2.729192	7.5944	2.37791	7.5974388	1.96823	7.600478	1.4528952	7.6035	0.576292
6.21	2.885	6.21248	2.6905	6.214969	2.4833	6.2175	2.26115	6.219942	2.02127	6.22243	1.75988	6.224919	1.4712	6.22741	1.1455128	6.2299	0.763821	6.2323918	0.2764	6.234885
2.0299	5.0922	1.867	5.0942	1.6948227	5.0963	1.5125	5.09831	1.31891	5.10035	1.11247	5.10239	0.891439	5.104434	0.65384	5.1064753	0.39846	5.108518	0.1325379	5.1106	0
	1.278	4.1756	1.1397	4.1772742	0.9959	4.1789	0.84622	4.180617	0.6909	4.182289	0.53063	4.183962	0.36741	4.18564	0.2065127	4.18731	0.063561	4.1889847	0	4.19066
		0.7558	3.424	0.6461342	3.4254	0.5347	3.42674	0.422382	3.42811	0.31107	3.42948	0.20382	3.43085	0.10643	3.4322211	0.03048	3.433594	0	3.435	0
			0.4135	2.80767613	0.3331	2.8088	0.25462	2.809923	0.17995	2.81105	0.11185	2.8121711	0.05459	2.8133	0.0146179	2.81442	0	2.8155471	0	2.816673
				0.2048843	2.3023	0.1516	2.30322	0.102898	2.30414	0.06082	2.305058	0.02788	2.30598	0.00701	2.3069027	0	2.307825	0	2.30875	0
					0.0892	1.88788	0.05824	1.888637	0.03281	1.889392	0.01419	1.890148	0.00336	1.8909	0	1.89166	0	1.8924169	0	1.893174
						0.0327	1.54806	0.017574	1.548682	0.00719	1.5493	0.001612	1.54992	0	1.5505412	0	1.551161	0	1.5518	0
							0.00936	1.269411	0.00364	1.26992	0.00077	1.270427	0	1.27094	0	1.27144	0	1.2719523	0	1.272461
								0.001835	1.040917	0.00037	1.04133	0	1.04175	0	1.042167	0	1.042584	0	1.043	0
									0.00018	0.853552	0	0.853894		0.854235	0	0.85458	0	0.8549188	0	0.855261
										0	0.699913		0.700193		0.7004729	0	0.700753	0	0.701	0
												0.5739285		0.57416	0	0.57439	0	0.5746175	0	0.574847
													0.470621	0	0.4708097	0	0.470998	0	0.4712	0
														0.38591	0	0.38606	0	0.38621835		0.386373
														0	0.3164458	0	0.316572	0	0.3167	0
															0	0.259486	0	0.25958938	0	0.259693
																0	0.212778	0	0.2129	0
																	0	0.17447811	0	0.174548
																		0	0.14307	0
																			0	0.117310

5 月 14 日,期权价值为 2.03 元。

用 B-S 模型计算期权价值:

$$d_1=\frac{\ln(6.21/8.7)+(0.056+0.3961^2/2)\sqrt{5.205}}{0.3961\sqrt{5.205}}=-0.034$$

$$d_2=\frac{\ln(6.21/8.7)+(0.056-0.3961^2/2)\sqrt{5.205}}{0.3961\sqrt{5.205}}=-0.4298$$

$Ke^{-rT}=8.7\times e^{-0.056\times 5.205}=6.5$

$c=6.12N(-0.034)-6.5N(-0.4298)=6.12\times 0.488-6.5\times 0.3336=0.82$

2. 2012 年 2 月 27 日,中海发展的收盘价格为 6.67 元。

因为可转换债券的到期日还有差不多 5.425 年,我选择做 20 步。

$u=e^{\sigma\sqrt{\Delta t}}=e^{0.3961\sqrt{0.27125}}=1.23$

$d=1/u=0.81$

$$p=\frac{e^{rT}-d}{u-d}=\frac{e^{0.056\times 0.27125}-0.81}{1.23-0.81}=0.4888$$

																				419.0135
																			340.661	410.3135
																		276.960503	332.17	275.9357
																	225.1711	268.55221	224.34	267.2357
																183.066	216.7918	182.388624	215.64	180.2364
															148.83412	174.773	148.2834	173.68862	146.534	171.5364
														121.0034	140.68654	120.5556	139.7461	120.10958	138.49	119.6652
													98.37671	113.023	98.012714	112.24	97.65007	111.40958	97.2888	110.9652
												79.981063	90.5599	79.6851	89.902879	79.3903	89.24796	79.096554	88.74	78.8039
											65.02525	72.31393	64.7847	71.7505	64.544958	71.1943	64.30614	70.688135	64.068	70.1039
										52.86606	57.4926	52.67046	56.9992	52.4756	56.508623	52.2814	56.08051	52.087974	55.511	51.89525
									42.98054	45.4576	42.8215	45.01576	42.66307	44.5748	42.505216	44.1325	42.34795	43.667156	42.191	43.19525
								34.94353	35.6971	34.8142	35.2903	34.68542	34.8848	34.5571	34.478213	34.4292	34.05719	34.3018369	33.63	34.17492
							28.4094	27.80267	28.3043	27.4169	28.1995	27.03173	28.0952	26.6483	27.99124	26.2639	27.88767	25.872852	27.784	25.47492
						23.097	21.4481	23.01159	21.0743	22.92645	20.6973	22.84162	20.3202	22.7571	19.947572	22.6729	19.58696	22.589015	19.219	22.50544
					18.778	16.369	18.7086	16.00477	18.6394	15.6314	18.57042	15.25123	18.50171	14.8692	18.433255	14.4968	18.36505	14.154653	18.2971	13.80544
				15.266739	12.348	15.2103	11.9962	15.15397	11.6298	15.0979	11.2488	15.04204	10.8546	14.9864	10.452368	14.9309	10.05778	14.875692	9.7299	14.82065
			12.412	9.2009409	12.366	8.868	12.3203	8.517437	12.2747	8.14693	12.2293	7.754076	12.1841	7.33667	12.138973	6.89409	12.09406	6.4377892	12.0493	6.120652
		10.091	6.7691	10.053706	6.4632	10.017	6.13887	9.979446	5.79311	9.94252	5.42168	9.905735	5.01861	9.86908	4.5744884	9.83257	4.073064	9.79618773	3.4807	9.759942
	8.2041	4.9162	8.1737	4.6437279	8.1435	4.3546	8.11337	4.045967	8.08335	3.71371	8.05344	3.351856	8.02365	2.95066	7.9939579	2.49203	7.96438	1.9327767	7.9349	1.059942
6.67	3.525	6.64532	3.2898	6.6207333	3.0413	6.5962	2.77732	6.571831	2.49506	6.54751	2.19048	6.523289	1.8574	6.49915	1.4854589	6.47511	1.054264	6.451148	0.5103	6.427279
2.4955	5.4027	2.2987	5.3827	2.0923845	5.3628	1.8754	5.34295	1.646444	5.32318	1.40369	5.30349	1.144902	5.283864	0.86715	5.2643137	0.56714	5.244836	0.2456691	5.2254	0
	1.585	4.37619	1.4191	4.3599951	1.247	4.3439	1.06858	4.327791	0.88379	4.311778	0.69301	4.295824	0.49761	4.27993	0.3017249	4.26409	0.118273	4.248317	0	4.232598
		0.9494	3.5447	0.8172312	3.5316	0.683	3.51853	0.547711	3.50551	0.41289	3.49254	0.281496	3.47962	0.15907	3.4667432	0.05694	3.453916	0	3.4411	0
			0.5284	2.87121629	0.4305	2.86059	0.33463	2.850009	0.24261	2.83946	0.15732	2.8289576	0.08323	2.81849	0.0274128	2.80806	0	2.7976722	0	2.787321
				0.2678898	2.3257	0.2018	2.31708	0.140827	2.30851	0.08701	2.299965	0.04327	2.29146	0.0132	2.2829772	0	2.27453	0	2.26611	0
					0.1203	1.88381	0.08086	1.876835	0.04769	1.869891	0.02237	1.862972	0.00635	1.85608	0	1.84921	0	1.8423695	0	1.835553
						0.046	1.52588	0.025931	1.520236	0.01151	1.51461	0.003059	1.50901	0	1.503424	0	1.497861	0	1.4923	0
							0.014	1.235964	0.0059	1.23139	0.00147	1.226835	0	1.2223	0	1.21777	0	1.2132677	0	1.208779
								0.003012	1.001131	0.00071	0.99743	0	0.99374	0	0.9900597	0	0.986397	0	0.9827	0
									0.00034	0.810916	0	0.807916		0.804927	0	0.80195	0	0.7989812	0	0.796025
										0	0.656842		0.654412		0.6519906	0	0.649578	0	0.6472	0
												0.5320422		0.53007	0	0.52811	0	0.5261583	0	0.524212
													0.430954	0	0.4293596	0	0.427771	0	0.4262	0
														0.349073	0	0.34778	0	0.34649451		0.345212
														0	0.282749	0	0.281703	0	0.28066	0
															0	0.229027	0	0.22817931	0	0.227335
																0	0.185512	0	0.1848	0
																	0	0.15026442	0	0.149708
																		0	0.12171	0
																				[illegible]

2 月 27 日，期权价值为 2.5 元。

用 B-S 模型计算期权价值：

$$d_1=\frac{\ln(6.67/8.7)+(0.056+0.3961^2/2)\sqrt{5.425}}{0.3961\sqrt{5.425}}=0.051$$

$$d_2=\frac{\ln(6.67/8.7)+(0.056-0.3961^2/2)\sqrt{5.425}}{0.3961\sqrt{5.425}}=-0.345$$

$$Ke^{-rT}=8.7\times e^{-0.056\times 5.425}=6.42$$

$$c=6.42N(0.051)-6.42N(-0.345)=6.42\times 0.5199-6.42\times 0.3632=1$$

3. 2012 年 3 月 20 日，中海发展的收盘价格为 6.29 元。

$$u=e^{\sigma\sqrt{\Delta t}}=e^{0.3961\sqrt{0.2682}}=1.23$$

$$d=1/u=0.81$$

$$p=\frac{e^{rT}-d}{u-d}=\frac{e^{0.056\times 0.2682}-0.81}{1.23-0.81}=0.4884$$

																		261.181644	312.68	260.2153
																	212.3428	252.67187	211.56	251.5153
																172.6364	203.8631	171.997668	202.86	169.9681
															140.35482	164.236	139.8355	163.29767	138.185	161.2681
														114.1096	132.09028	113.6874	131.2646	113.26676	130.08	112.8477
													92.77204	106.005	92.428781	105.309	92.08679	104.56676	91.7461	104.1477
												75.424421	84.8286	75.1454	84.23787	74.8673	83.64548	74.590303	83.175	74.31432
											61.32067	67.63359	61.0938	67.1218	60.867734	66.6139	60.64252	66.147082	60.418	65.61432
										49.8542	53.6713	49.66974	53.2189	49.486	52.767216	49.3029	52.32501	49.120444	51.848	48.9387
									40.53187	42.3391	40.3819	41.92977	40.23249	41.5206	40.08363	41.1093	39.93532	40.677451	39.788	40.2387
								32.95274	33.1546	32.8308	32.773	32.70934	32.3928	32.5883	32.012137	32.4677	31.61808	32.3476093	31.217	32.22792
							26.7908	25.73428	26.6917	25.3673	26.593	25.00095	26.4946	24.6372	26.396537	24.2744	26.29887	23.904767	26.202	23.52792
						21.7812	19.771	21.70059	19.4116	21.62029	19.0478	21.5403	18.6838	21.4606	18.325351	21.3812	17.98182	21.302084	17.631	21.22327
					17.708	15.019	17.6428	14.66447	17.5775	14.3002	17.51244	13.92797	17.44764	13.553	17.383085	13.1881	17.31877	12.859341	17.2547	12.52327
				14.3969697	11.269	14.3437	10.9255	14.29063	10.5663	14.2378	10.1909	14.18507	9.79982	14.1326	9.3978963	14.0803	9.001835	14.028202	8.6843	13.9763
			11.705	8.3471263	11.662	8.0226	11.6184	7.67925	11.5754	7.31435	11.5326	6.924703	11.4899	6.50674	11.447397	6.05756	11.40504	5.5855239	11.3628	5.276297
		9.5161	6.1017	9.4809313	5.8047	9.4459	5.48866	9.410902	5.15023	9.37608	4.78462	9.34139	4.38479	9.30683	3.9391501	9.27239	3.425978	9.23808408	2.7925	9.203903
	7.7367	4.4013	7.7081	4.1384935	7.6796	3.859	7.65114	3.559754	7.62283	3.23658	7.59463	2.883102	7.56653	2.48876	7.53853	2.03332	7.510637	1.4657	7.4828	0.503903
6.29	3.133	6.26673	2.9082	6.2435401	2.6703	6.2204	2.41736	6.197423	2.1467	6.17449	1.85447	6.151647	1.53479	6.12889	1.1777624	6.10621	0.763961	6.0836163	0.2424	6.061107
2.2018	5.0949	2.0152	5.076	1.8197794	5.0573	1.6145	5.03856	1.398266	5.01991	1.16974	5.00134	0.927347	4.982834	0.66948	4.9643978	0.39584	4.94603	0.1166414	4.9277	0
	1.378	4.12687	1.2223	4.1115996	1.0617	4.0964	0.8958	4.08123	0.72513	4.066129	0.55066	4.051085	0.37488	4.0361	0.2040528	4.02116	0.056118	4.0062839	0	3.991461
		0.8098	3.3428	0.688101	3.3304	0.5653	3.31807	0.442625	3.3058	0.32213	3.29356	0.20734	3.28138	0.10472	3.2692376	0.027	3.257141	0	3.2451	0
			0.44	2.70763875	0.3518	2.69762	0.26648	2.687639	0.18602	2.6777	0.1135	2.6677876	0.05353	2.65792	0.0129901	2.64808	0	2.6382845	0	2.628523
				0.2162455	2.1932	0.1585	2.18507	0.106213	2.17699	0.06159	2.168933	0.027271	2.16091	0.00625	2.1529126	0	2.144947	0	2.13701	0
					0.0932	1.77648	0.06004	1.769909	0.03317	1.76336	0.01385	1.756836	0.00301	1.75034	0	1.74386	0	1.7374069	0	1.730978
						0.0336	1.43895	0.017742	1.433626	0.00701	1.42832	0.001447	1.42304	0	1.4177717	0	1.412526	0	1.4073	0
							0.00944	1.16555	0.00354	1.16124	0.0007	1.156941	0	1.15266	0	1.1484	0	1.144146	0	1.139913
								0.001786	0.944095	0.00033	0.9406	0	0.93712	0	0.9336545	0	0.9302	0	0.9268	0
									0.00016	0.764717	0	0.761888		0.759069	0	0.75626	0	0.753462	0	0.750674
										0	0.619421		0.617129		0.6148457	0	0.612571	0	0.6103	0
												0.5017309		0.49987	0	0.49802	0	0.4961823	0	0.494346
													0.406402	0	0.4048984	0	0.4034	0	0.4019	0
														0.329186	0	0.32797	0	0.32675419		0.325545
														0	0.2666404	0	0.265654	0	0.26467	0
															0	0.215979	0	0.21517959	0	0.214383
																0	0.174943	0	0.1743	0
																	0	0.14170363	0	0.141179
																		0	0.11478	0

3 月 20 日，期权价值为 2.2 元。

用 B-S 模型计算期权价值：

$$d_1=\frac{\ln(6.29/8.7)+(0.056+0.3961^2/2)\sqrt{5.364}}{0.3961\sqrt{5.364}}=-0.01$$

$$d_2=\frac{\ln(6.29/8.7)+(0.056-0.3961^2/2)\sqrt{5.364}}{0.3961\sqrt{5.364}}=-0.41$$

$$Ke^{-rT}=8.7\times e^{-0.056\times 5.364}=6.44$$

$$c=6.44N(-0.01)-6.44N(-0.41)=6.44\times 0.495-6.44\times 0.34=0.9982$$

4. 2012 年 3 月 29 日，中海发展的收盘价为 5.29 元。

$$u=e^{\sigma\sqrt{\Delta t}}=e^{0.3961\sqrt{0.267}}=1.23$$

$$d=1/u=0.81$$

$$p=\frac{e^{rT}-d}{u-d}=\frac{e^{0.056\times 0.267}-0.81}{1.23-0.81}=0.4882$$

																				332.3211
																			270.18	323.6211
																		219.65833	261.6	218.8456
																	178.584	211.14254	177.92	210.1456
																145.1903	170.0981	144.653047	169.22	142.9461
															118.04085	136.783	117.6041	135.95305	116.216	134.2461
														95.96817	109.76841	95.61309	109.0309	95.259323	108.03	94.90686
													78.02291	87.8545	77.734221	87.2301	77.4466	86.559323	77.1601	86.20686
												63.433257	70.0697	63.1986	69.53691	62.9647	69.00213	62.73175	68.588	62.49964
											51.57175	55.63211	51.3809	55.1674	51.190829	54.7063	51.00142	54.285549	50.813	53.79964
										41.92825	43.9139	41.77312	43.4978	41.6186	43.084303	41.4646	42.67998	41.311152	42.241	41.1583
									34.08801	34.4132	33.9619	34.0285	33.83623	33.6466	33.711033	33.2663	33.5863	32.86581	33.462	32.4583
								27.71383	26.7316	27.6113	26.3636	27.50913	25.9975	27.4073	25.63435	27.3059	25.26591	27.2049051	24.89	27.10425
							22.5316	20.55219	22.4482	20.1911	22.3651	19.82805	22.2824	19.4663	22.199949	19.1088	22.11781	18.760128	22.036	18.40425
						18.3183	15.6193	18.25057	15.2626	18.18304	14.8976	18.11577	14.5267	18.0487	14.155681	17.982	13.7981	17.915425	13.465	17.84914
					14.893	11.722	14.8379	11.37368	14.783	11.0107	14.72827	10.63293	14.67377	10.2425	14.619478	9.84759	14.56539	9.4710206	14.5115	9.149138
				12.1081033	8.681	12.0633	8.34933	12.01867	7.99883	11.9742	7.62709	11.9299	7.23165	11.8858	6.8112011	11.8418	6.369105	11.797963	5.9403	11.75431
			9.844	6.3416591	9.8076	6.0358	9.77128	5.710199	9.73512	5.36132	9.6991	4.984356	9.66322	4.57252	9.6274614	4.1153	9.59184	3.5976932	9.55635	3.054311
		8.0032	4.5693	7.973629	4.2968	7.9441	4.0066	7.914733	3.69517	7.88545	3.35783	7.856273	2.9874	7.8272	2.571648	7.79824	2.086556	7.76939027	1.469	7.740644
	6.5067	3.2474	6.4826	3.0130621	6.4586	2.7645	6.43474	2.499483	6.41093	2.21462	6.38721	1.905141	6.36358	1.5633	6.3400356	1.17487	6.316577	0.7065153	6.2932	0
5.29	2.277	5.27043	2.0821	5.2509264	1.8772	5.2315	1.66113	5.212141	1.4325	5.19286	1.1893	5.173643	0.92887	5.1545	0.6474604	5.13543	0.339802	5.1164277	0	5.097497
1.5761	4.2849	1.4187	4.269	1.2553724	4.2533	1.086	4.23751	0.910336	4.22183	0.72861	4.20621	0.541478	4.190651	0.35103	4.1751454	0.16343	4.159697	0	4.1443	0
	0.954	3.47077	0.8276	3.4579272	0.6992	3.4451	0.56928	3.432386	0.43904	3.419686	0.31061	3.407033	0.18789	3.39443	0.0786021	3.38187	0	3.3693549	0	3.356888
		0.5383	2.8113	0.4438727	2.8009	0.3508	2.79056	0.260711	2.78023	0.17575	2.76995	0.099534	2.7597	0.0378	2.749486	0	2.739313	0	2.7292	0
			0.2781	2.27717154	0.2134	2.26875	0.15281	2.260352	0.09828	2.25199	0.05228	2.243656	0.01818	2.23535	0	2.22708	0	2.2188434	0	2.210634
				0.1282267	1.8445	0.0885	1.83768	0.054392	1.83088	0.02727	1.824111	0.008745	1.81736	0	1.8106371	0	1.803938	0	1.79726	0
					0.0508	1.49405	0.02983	1.488524	0.01413	1.483017	0.00421	1.47753	0	1.47206	0	1.46662	0	1.4611896	0	1.455783
						0.0162	1.21018	0.007288	1.205705	0.00202	1.20124	0	1.1968	0	1.1923708	0	1.187959	0	1.1836	0
							0.00374	0.980248	0.00097	0.97662	0	0.973007	0	0.96941	0	0.96582	0	0.9622468	0	0.958686
								0.000468	0.794001	0	0.79106	0	0.78814	0	0.7852198	0	0.782314	0	0.7794	0
									0	0.643141	0	0.640761		0.63839	0	0.63603	0	0.6336747	0	0.63133
										0	0.520944		0.519016		0.517096	0	0.515183	0	0.5133	0
												0.4219645		0.4204	0	0.41885	0	0.417298	0	0.415754
													0.341791	0	0.3405266	0	0.339267	0	0.338	0
														0.276851	0	0.27583	0	0.27480599		0.273789
														0	0.2242492	0	0.22342	0	0.22259	0
															0	0.181642	0	0.1809698	0	0.1803
																0	0.14713	0	0.1466	0
																	0	0.11917523	0	0.118734

3 月 29 日,期权价值为 1.58 元。

用 B-S 模型计算期权价值:

$$d_1=\frac{\ln(5.9/8.7)+(0.056+0.3961^2/2)\sqrt{5.34}}{0.3961\sqrt{5.34}}=-0.08$$

$$d_2=\frac{\ln(5.9/8.7)+(0.056-0.3961^2/2)\sqrt{5.34}}{0.3961\sqrt{5.34}}=-0.48$$

$$Ke^{-rT}=8.7\times e^{-0.056\times 5.34}=6.45$$

$$c=6.45N(-0.08)-6.44N(-0.48)=6.44\times 0.4681-6.44\times 0.3156=0.9821$$

5. 2012 年 5 月 11 日,中海发展的收盘价为 6.06 元。

$$u=e^{\sigma\sqrt{\Delta t}}=e^{0.3961\sqrt{0.261}}=1.22$$

$$d=1/u=0.82$$

$$p=\frac{e^{rT}-d}{u-d}=\frac{e^{0.056\times 0.261}-0.82}{1.22-0.82}=0.4868$$

																				323.3473
																			265.039	314.6473
																		217.244893	256.46	217.3318
																	178.0696	208.7941	178.14	208.6318
																145.9587	169.7411	146.017059	169.57	146.0755
															119.63826	137.751	119.6861	137.56674	119.734	137.3755
														98.06415	111.54941	98.10337	111.3582	98.142614	111.16	98.18187
													80.38045	90.0927	80.4126	89.8961	80.44477	89.692606	80.4769	89.48187
												65.885613	72.5247	65.912	72.324398	65.9383	72.11721	65.964708	71.903	65.99109
											54.0046	58.14393	54.0262	57.9411	54.047813	57.7315	54.06943	57.514911	54.091	57.29109
										44.26607	46.3754	44.28377	46.1711	44.3015	45.960045	44.3192	45.74213	44.336935	45.517	44.35467
									36.28366	36.7505	36.2982	36.54266	36.31269	36.3311	36.327219	36.1127	36.34175	35.88728	36.356	35.65467
								29.74071	28.8921	29.7526	28.6751	29.7645	28.458	29.7764	28.239741	29.7883	28.01463	29.8002347	27.782	29.81215
							24.3776	22.49899	24.3874	22.2669	24.3971	22.03497	24.4069	21.8063	24.416655	21.582	24.42642	21.350676	24.436	21.11215
						19.9817	17.3297	19.98965	17.0802	19.99765	16.8271	20.00565	16.5746	20.0137	16.329374	20.0217	16.09942	20.029666	15.862	20.03768
					16.378	13.187	16.385	12.92358	16.3915	12.6504	16.39807	12.36988	16.40463	12.0875	16.411195	11.8154	16.41776	11.580172	16.4243	11.33768
				13.4249274	9.9049	13.4303	9.63584	13.43567	9.35154	13.441	9.05147	13.44642	8.73638	13.4518	8.4105982	13.4572	8.090832	13.462562	7.8505	13.46795
			11.004	7.3391488	11.008	7.0756	11.0128	6.793676	11.0172	6.49068	11.0217	6.163453	11.0261	5.80829	11.030475	5.42219	11.03489	5.0131111	11.0393	4.767947
		9.0197	5.3632	9.0233119	5.116	9.0269	4.85013	9.030532	4.5623	9.03414	4.24783	9.037758	3.89971	9.04137	3.5064824	9.04499	3.046396	9.04860749	2.4655	9.052227
	7.3932	3.8653	7.3962	3.6427927	7.3991	3.4039	7.40208	3.145704	7.40504	2.86401	7.408	2.55261	7.41096	2.2012	7.4139258	1.78992	7.416891	1.2682507	7.4199	0.352227
6.06	2.748	6.06242	2.5552	6.064849	2.3499	6.0673	2.12977	6.069702	1.89223	6.07213	1.63354	6.074559	1.34804	6.07699	1.0262051	6.07942	0.649425	6.0818509	0.1696	6.084284
1.9274	4.9692	1.7666	4.9712	1.5969479	4.9732	1.4175	4.97517	1.227191	4.97716	1.02473	4.97915	0.808622	4.981138	0.57744	4.9831305	0.33122	4.985124	0.0810641	4.9871	0
	1.205	4.07474	1.0692	4.0763739	0.9286	4.078	0.78254	4.079636	0.63157	4.081268	0.47662	4.0829	0.32015	4.08453	0.1683347	4.08617	0.038889	4.0878015	0	4.089437
		0.706	3.3413	0.5993555	3.3426	0.4914	3.34396	0.383221	3.3453	0.27676	3.34664	0.17538	3.34798	0.08528	3.3493172	0.01866	3.350657	0	3.352	0
			0.3816	2.73985787	0.3043	2.74095	0.22932	2.74205	0.15864	2.74315	0.09512	2.7442443	0.04308	2.74534	0.0089503	2.74644	0	2.7475387	0	2.748638
				0.1860447	2.2467	0.1355	2.24758	0.089918	2.24848	0.05115	2.249381	0.021711	2.25028	0.00429	2.2511804	0	2.252081	0	2.25298	0
					0.0792	1.84228	0.05046	1.843017	0.02731	1.843755	0.01092	1.844492	0.00206	1.84523	0	1.84597	0	1.8467063	0	1.847445
						0.0281	1.51067	0.014488	1.511274	0.00548	1.51188	0.000988	1.51248	0	1.5130885	0	1.513694	0	1.5143	0
							0.00764	1.238749	0.00274	1.23924	0.00047	1.239741	0	1.24024	0	1.24073	0	1.2412288	0	1.241725
								0.001371	1.015774	0.00023	1.01618	0	1.01659	0	1.0169939	0	1.017401	0	1.0178	0
									0.00011	0.832935	0	0.833268		0.833602	0	0.83393	0	0.8342686	0	0.834602
										0	0.683007		0.68328		0.6835533	0	0.683827	0	0.6841	0
												0.5600655		0.56029	0	0.56051	0	0.5607379	0	0.560962
													0.459254	0	0.4594374	0	0.459621	0	0.4598	0
														0.376588	0	0.37674	0	0.3768894		0.37704
														0	0.3088022	0	0.308926	0	0.30905	0
															0	0.253218	0	0.25331911	0	0.25342
																0	0.207639	0	0.2077	0
																	0	0.17026366	0	0.170332
																		0	0.13962	0

5 月 11 日，期权价值为 1.93 元。

用 B-S 模型计算期权价值：

$$d_1=\frac{\ln(6.06/8.7)+(0.056+0.3961^2/2)\sqrt{5.22}}{0.3961\sqrt{5.22}}=-0.06$$

$$d_2=\frac{\ln(6.06/8.7)+(0.056-0.3961^2/2)\sqrt{5.22}}{0.3961\sqrt{5.22}}=-0.46$$

$$c=6.49N(-0.06)-6.49N(-0.46)=6.49\times0.4761-6.49\times0.3228=0.9949$$

四、总结与思考

从上述结果可以看出，用二叉树方法计算的期权价值比用 B-S 方法计算所得的期权价值大，因为 B-S 模型只能计算欧式期权的定价，而二叉树方法既可以计算欧式期权的定价，也可以计算美式期权的定价。而实际上，中国的转股债包含的期权是美式期权，用二叉树计算的结果会相对好一些，因为我们随时可以在有利于我们的时候行权。

参考文献

1. 胡利琴:《金融实验教程》,武汉大学出版社 2008 年版。

2. 陈奇斌:《金融数学与金融工程实验教程》,华南理工大学出版社 2012 年版。

3. 潘席龙:《Excel 在实验金融学中的应用》,西南财经大学出版社 2007 年版。

4. 王晓民:《Excel 金融计算专业教程》,清华大学出版社 2004 年版。

5. 约翰·C.赫尔著,周春生等译:《期货与期权市场导论》(第 5 版),北京大学出版社 2006 年版。

6. 约翰·C.赫尔著:《期权、期货和其他衍生品》,清华大学出版社 2001 年版。

7. 郑振龙:《金融工程》,高等教育出版社 2003 年版。